JN437521

꿈속은 언제나 무지개였네

꿈속은 언제나 무지개였네

우물을 들여다보는 아이 김동리

김종순 · 조미경 지음

책을 펴내면서

김동리는 소설가이다. 한국문학을 대표하는 거목이라 해도 과언이 아니다. 2006년 학교법인 계성학원에서 개교 100주년을 맞아 선정한 "자랑스러운 계성 10인" 가운데 한 분이기도 하다. 이미 우리 문학계에서는 크게 존경을 받는 인물이기도 하거니와 그 분을 위한 여러 가지 기념사업들도 적지 않다. 이런 마당에 그분에 관한 일대기를 쓴다는 것은 새삼스러울 수 있다.

그러나 이 책은 김동리의 문학적 위대성을 논하려는 평론집도 아니고, 그의 생애를 그의 문학만큼이나 아름답게 그려내려는 것도 아니다. 그저 한 인간으로서의 김동리의 모습을 살

펴보고자 하는 것일 뿐이다. 거기에는 그 분의 성공과 좌절, 희망과 절망의 경험들이 고스란히 포함된다. 특히 '근대'를 살아가는 지식인으로서 시대의 아픔을 어떻게 내면화하고, 동시에 자신이 성장해 온 전통과 토속의 기운을 어떻게 표출시켰는지를 보게 된다. 그의 진솔한 삶은 우리에게 교훈과 기쁨과 감동을 주게 될 것이다. 또한 그의 파란만장했던 삶의 여정은 우리에게 커다란 자긍심뿐만 아니라 희망과 용기를 주어 미래를 위한 롤 모델(Role Model)이 될 것이라고 믿기 때문이다.

따라서 이야기의 서술은 '스토리텔링'의 방식을 취했다. 그것은 '이야기'라고 하는 실체가 현재 진행형으로 말해지는 행위이다. 인쇄매체의 시대에는 '이야기'가 '이미 이루어진 과거의 것'을 의미했다. 그러나 스토리텔링에는 'tell'이라는 구체적인 감각적 행위가 포함되어 있다. 특히 화자와 청자가 같은 맥락 속에 포함됨으로써 현재의 상황이 강조된다. 현장성의 회복, 즉 새롭게 확장된 구술문화의 차원이 되는 것이다. 여기에 'ing'는 상황의 공유와 그에 따른 상호작용성의 의미를 내포한다. 가공되지 않은 단순 자료를 이야기로 풀어 재미있게 만든 것을 말한다. 그래서 상당부분 작가의 상상력에 의한 재구성이 이루어지게 된다. 소위 리얼리티(reality)를 위한 장치라고 할 수 있다.

이 책의 탄생은 학교법인 계성학교 김태동 이사장님의 의지가 있었기에 가능했다. 세계적인 작가 김동리가 키워왔던 청소년기의 꿈을 그저 계성의 울타리에 가두어두지 아니하고 세상 모든 청소년들과 함께 나누기를 원했던 것이다. 동리목월 문학관의 장윤익 관장님을 비롯한 여러 직원 선생님들의 친절한 도움에 대해서도 이 자리를 빌어 감사의 뜻을 전한다. 공저자로 참여한 조미경 교수는 문학을 전공으로 하고 있어서 전문가로서의 역할을 충분히 해냈다. 자료를 수집하기 위해 발로 뛰며 몸을 아끼지 않았고 서로 의견을 교환하며 다듬는 일을 여러 차례 거쳤다. 그럼에도 불구하고 미비한 부분이 있다면 그것은 전적으로 나의 책임이다.

이 책이 대구 · 경북 지역사회의 문화사 연구에도 도움이 되기를 바라지만, 무엇보다도 청소년들이 '재미있게' 읽을 수 있으면 좋겠다.

2010년 2월 28일

저자를 대표하여

김 중 순

차례

1 꿈속은 언제나 무지개였네

내 어려서부터 술 많이 마시고
까닭 없이 자꾸 잘 울던 아이
울다 지쳐 어디서고 쓰러져 잠들면
꿈속은 언제나 무지개였네.

어느 산 너머선지 아련히 들려오는
그 어느 오랜 절의 먼 먼 종소리
그 소리 타고 오는 수풀 위 하늘엔
지금도 옛날의 그 무지개 보이리.

「무지개」

찰랑거리는 맑은 강물 위로 눈부시게 반짝이는 햇살의 유혹을 떨칠 수가 없었던지 아이는 참방참방 물속으로 걸어 들어갔다. 얼만큼 그 빛을 따라왔을까, 어느새 강바닥의 모래알들은 사금파리처럼 반짝이고 있었다. 손을 내밀었다. 그러나 반짝거리는 금싸라기들을 한 움큼 집어 드는 순간 강물은 소년을 와락 끌어안아버리고 말았다. 순식간에 얼굴이 물살 속으로 잠겼고 입 안에는 물이 가득 고였다. 숨이 찼다. 모래알들은 손끝을 떠나 사방으로 흩어지고, 몸은 한 바퀴 빙그르르 돌더니 붕 떠올랐다. 꿈속을 거니는 듯 저 멀리서부터 아득함이 밀려왔다.

"창봉아, 창봉아. 엄마아, 아이구 창봉이가…… 물에 빠졌심더!"

다급한 누나의 목소리가 가까이서 또 멀리서 아련하게 들려왔다. 창봉이가 숨 막힐 듯이 물을 들이마시며 거푸거푸 발버둥을 치고 있을 때, 누군가가 아이의 목덜미를 끌어당겼다. 애써 잡은 다슬기들을 다 버리고 뛰어온 누나의 손이었다. 정신을 잃고 밖으로 끌려 나온 아이는 물을 토해내며 큰 소리로 울음보를 터트렸다. 두려움과 안도감과 서러움을 한꺼번에 뒤집어쓴 아이의 울음소리는 주체할 수 없을 만큼 오래갔다.

네 살 때 서천 강물에 빠져 죽을 뻔했던 기억을 동리는 평

동리가 첫 번째 죽음을 경험했던
형산강 지류 서천은 철따라 색을 바꾼다.

생 동안 잊을 수 없었다. 아주 어릴 적 일이었지만 생사를 넘나든 충격 때문이었을 것이다. 그런데 그 사건은 죽음만큼이나 큰 또 하나의 기억으로 남아있었다. 그가 세상에 태어나서 보았던 가장 아름다운 풍경이었다. 햇살에 부서지는 모래알의 아름다운 빛깔, 그것은 목숨과도 바꾸어 질 수 있을 만큼이나 아름다웠다. 그 아름다움을 손에 움켜쥐고 싶었던 어린아이의 마음, 그 마음으로 동리는 버려진 언어들을 연금술사처럼 다듬어 주옥같은 작품들을 쏟아냈던 것이다. 그 아름다움은 아찔한 두려움이기도 했다.

김동리는 1913년 11월 24일, 경상북도 경주시 성건리(成乾理)에서 아버지 김임수(金壬守)와 어머니 허임순(許任順) 사이에서 오남매 중 막내로 태어났다. 동리를 낳았을 때 어머니의 나이가 마흔 둘이었으니, 아주 늦게 얻은 막둥이 아들이었다. 형제들의 이름 항렬자는 새 봉(鳳)자였다. 아버지는 항렬을 따서 막내아들의 이름을 '창봉(昌鳳)'이라고 지어서 불렀다. 그가 네 살 나던 해에 동사무소에서 호구 조사를 나왔는데, 그때까지 호적에 이름을 올리지 않은 막내아들의 이름을 두고 부모들은 난감해 했다. 왜냐하면 동리의 큰형이 '봉(鳳)'자가 속되다며 이름에 쓰지 못하게 하고는 별다른 뾰족한 대안을 마련해 주지 않은 채 일본으로 유학을 떠나버렸기 때문이었다.

이름 자를 두고 부부가 옥신각신하는 것을 보고 호구 조사원이 의견을 냈다. 막둥이니까 귀할 귀(貴)자를 붙여 '창귀(昌貴)'라고 하는 것이 어떠냐는 것이다. 듣고 보니 그럴 듯한 것 같아 부모들은 동의를 했고, 조사원은 호적에 그 이름을 기재했다.

그런데 몇 년 후에 일본에서 돌아온 큰형은 '창귀'라는 이름을 듣고는 노발대발했다. '창귀'는 '창봉'이보다 더 못하다는 것이었다. 그래서 동리는 유년기에는 집에서 '창봉'이라는 이름으로 불리게 되었고, 학교에 입학할 때는 '창귀'라는 이름으로 등록하였다. 이후 스무 살이 되던 해에 큰형은 그에게 '시종(始鍾)'이라는 아호(雅號)를 지어주었다. 문단에 등단하면서 '동리(東里)'라는 이름까지 가지게 되었으니 그는 네 가지 이름 사이를 오가며 살아온 셈이었다. 그것은 마치 여러 개의 얼굴로 살아 온 그의 운명적 삶과도 비슷한 것이었다.

갓난아기 동리는 외톨이에다 항상 배가 고팠다. 늦은 나이에 막둥이를 낳은 어머니는 젖이 잘 나오지 않아 보리를 갈아 끓인 멀건 암죽을 먹였다. 그러나 그것마저도 농사일에 바빠서 제대로 챙겨줄 수가 없었다. 배도 고프고 같이 놀아주는 이도 없는 동리는 혼자 방 안을 기어 다니다 눈에 보이는 것이면 무엇이든지 입 안에 넣어 빨곤 했다. 그러다가 지쳐 쓰러져 잠이 들면, 그 사이 문턱을 넘어 들어온 햇살이 포근한 이불이 되어 새근새근 잠자는 아기를 덮어 주었다.

그 날도 동리는 배가 고파 울며 엄마를 찾다가 마루로 기어 나갔다. 마침 장사 일을 마치고 돌아온 아버지는 툇마루에 걸터앉아 막걸리를 몇 잔째 들이키고 있었다. 술을 마시고 난 사발엔 술찌끼가 남아 있었다. 동리는 작은 고사리 손으로 사발을 만지작거리며 술찌끼를 핥아 먹기 시작했다. 달싹하고 알큰하면서도 시큼한 맛이 그런대로 먹을 만했다. 빈 술 사발이 놓일 때마다 아기는 날름날름 바닥이 말게 질 때까지 핥았다. 어린 아기가 술잔에 남은 술찌끼를 먹는 것을 보고 아버지는 신통해하며 바라보았다.

"아, 요놈이 술 먹는 게 제법일세. 허허."

술 사발을 빼앗기보다는 술에 맛을 들인 어린 아들을 대견해 한 아버지 탓에 동리는 술찌끼로라도 배를 채울 수 있었다. 그런데 동리는 술찌끼를 먹고 나면 얼굴이 새빨갛게 달아올랐다. 온 몸에 힘이 빠지면서 눈앞이 아득해지고 어지러워 비틀거리곤 했다. 그러다 보면 벽이나 문턱에 머리를 박기 일쑤였고, 정신없이 돌아다니다가 툇마루에서 마당으로 굴러 떨어지는 일도 왕왕 있었다. 그래도 아이는 울지 않고 일어나 마당을 비틀거리며 걸어 다니거나 엉금엉금 흙바닥을 기어 다니곤 했다.

하루 종일 들판에서 돌아오지 않는 엄마를 기다리다가 울던 아이였지만 술찌끼로 배고픔을 달래고 나면 엄마가 없어도 서럽지 않았다. 눈앞에 보이는 풍경도 온통 화사한 빛깔로 변하고 구름 위에 올라 앉기라도 한 듯 몸은 두둥실 떠오르기 시작했다. 그리고 술잔에 잡힐 듯 말 듯 피어오르는 오색의 무지개를 넋 놓고 바라보다가 아득한 잠에 빠져 들었다. 그 아득함은 강바닥의 금빛 모래알을 집어 들다가 물에 빠져 허우적거릴 때의 그것이었다.

동리가 다섯 살 나던 해의 일이었다. 어린 아이가 대낮에 술을 마시고 취한다는 소문이 온 동네에 퍼졌다. 호기심이 동한 꼬마 구경꾼들이 동리 집에 몰려와 대문 앞에 진을 치고 구경을 한다고 야단법석을 떨었다. 동리가 술을 먹는 것을 지켜보고 있다가 휘청휘청 대며 툇마루 끝으로 다가가 떨어지려 할 무렵엔 와아, 소리를 지르며 대문 안으로 쏟아져 들어왔다.

"어린 아가 술 먹는 거 좀 보래이."

"저 저것 봐라, 떨어질라칸대이."

"저리 좀 비키 봐라. 나도 좀 볼란다."

술에 취한 어린 동리는 모여든 아이들을 향해 비틀거리며 다가가서는 아무나 팔을 붙잡고 손등이나 팔목 같은 데를 마구 깨물곤 했다. 꼬마 구경꾼들 중에 유독 뽀얀 얼굴에 몸이 야위어 보이는 어린 여자 아이 하나가 있었다. 바로 이웃집에 사는 선이였다. 몸이 약했던 선이는 다른 아이들이 놀라 달아나며 밀치는 통에 넘어져 번번이 동리에게 붙들렸고, 손등과 팔목을 물려 성한 데가 없었다. 보드라운 살갗엔 금세 빨간 핏방울이 맺혔고, 선이는 언제나 울며 집으로 돌아갔다.

이런 동리를 작은형은 가끔 부헝듬 늪으로 데리고 가길 좋아했다. 무서운 이무기가 산다는 그곳은 동리가 빠져 죽을 뻔했던 서천을 넘어 한참을 더 가야 했다. 부헝듬 가는 길은 어른들도 고개를 설레설레 저을 정도로 몹시 위험한 길이었다. 동리는 무섭고 두려웠지만 입을 앙다물고 작은형의 뒤를 따라갔다. 작은형은 그 늪에 어떻게 가는지 잘 알고 있었다. 어른들도 잘 모르는 늪으로 가는 지름길을 작은형은 알고 있었던 것이다. 나뭇가지에 얼굴이 긁혔고, 넝쿨 가시에 살점이 패여 종아리가 쓰라렸다. 험한 고비를 몇 차례 넘기고서야 겨우 늪에 다다랐다. 생전 처음으로 동리가 늪가에 갔을 때 작은형은 경고를 했다.

"이 늪에 진짜 이무기가 산대이. 니는 멀리서만 보고 절대 가까이 가지 마래이."

"응, 형아……."

그날 이후 동리는 식구들 몰래 혼자서 늪을 찾아갔다. 동리는 무서운 이무기를 제 눈으로 봐야 두려움의 정체를 알아낼

것 같았다. 그러나 그 큰 이무기가 몸을 뒤척이기라도 하면 늪이 요동을 쳐야 할 텐데 늪은 거품만 조금 부글거릴 뿐 아무런 변화의 조짐을 보여주지 않았다. 동리는 집에 돌아와 형에게 다시 물었다.

"형아, 진짜 늪에 이무기가 사는 게 맞나? 근데 왜 내 눈에는 안 보이노?"

이번에는 형이 딴 소리를 했다.

"창봉아, 니 또 거기 갔다왔나? 이무기는 얼마 전에 서천 예기소로 옮겨갔다 카더라. 그 대신 거긴 지금 물구렁이가 우글우글 거리고 있대이. 물에만 들어갔다카문 물구렁이한테 콱 잡아 먹힌다 카이. 다시는 거기 가지 말거래이."

형의 당부가 동리의 호기심을 막을 수는 없었다. 하지만 늪의 물속에는 절대 발을 들여놓지 않았다. 햇빛도 투영해 들어가지 못하는 그 끈적끈적하고 질퍽질퍽한 흙탕물 속에는 분명 굶주린 물구렁이와 독벌레들이 먹잇감을 기다리며 도사리고 있을 것만 같았다. 동리는 그저 파란 물파래와 개구리밥으로 덮인 늪 위를 하염없이 바라보며 시간을 보내다 때가 되면 돌아오는 것이 전부였다.

동리에게는 그 늪이 몹시 두려우면서도 왠지 모를 신비감을 느끼게 하는 장소였다. 끝없이 깊고, 끝없이 멀고, 끝없이 많은 생물들이 방귀를 뀌어대며 우글거리는 그 늪 속에는 어떤 비

예기소는 경주시 현곡면 금장리
동국대학교 경주 캠퍼스 앞을 흐르는 형산강 상류에 있다.
부형듬과 함께 이곳은 늘 사람이 빠져죽는 우울한 전설의 고향이다.

밀의 세계가 숨어있을 것만 같았다.

"혹시 이 늪의 밑바닥에는 다른 세계로 이어지는 길이 뚫려 있지는 않을까?"

2 마음의 늪

이무기와 늙은 구렁이가 사는
가장 깊은 곳은
저승으로 통해 있다고 합니다.
이무기와 늙은 구렁이는
저승으로 이따금씩 다녀온다고 합니다.
비가 오는 날,
또는 달빛이 물속으로 비쳐드는 밤엔
저 늪에서 호화로운 잔치가 벌어진다고 합니다.

「늪」 중에서

동리는 이웃집 선이의 뽀얀 얼굴이 자꾸 보고 싶어졌다. 가끔 담벼락에 매달려 궁색한 선이네 집 안을 몰래 훔쳐보곤 했다. 선이의 치맛자락 스치는 소리라도 들리면 얼굴이 빨개져서 몸을 낮춰 숨곤 했다. 같이 놀고 싶었지만 선이는 좀처럼 동리 곁으로 다가오지 않았다. 친구가 없는 선이는 소꿉놀이를 할 때도 혼자였다. 동리 집 대문 옆에 놓인 반듯한 돌 위에 소꿉을 차려 놓고 놀다가도 동리가 다가가는 기척이 들리면 화들짝 놀라서 자기네 집으로 휑하니 달아나버리는 아이였다.

어느새 해가 바뀌어 이른 봄이 되었다. 우물가 큰 살구나무엔 하얀 꽃들이 활짝 피어났다. 작고 앙증맞은 예쁜 꽃들이 뜰을 환하게 밝혀주고 있었다. 동리는 우물가에 서서 넋을 놓은 채 살구꽃을 보고 있었다. 참으로 살갑게 아름다운 꽃이었다. 바로 그 때 선이가 동리의 집 대문 앞에 서서 집 안을 들여다보고 있었다. 선이도 살구꽃을 가까이에서 보고 싶은 눈치였다.

"선아, 이리 들어 와서 봐라."

동리가 손짓을 하자 선이는 순순히 우물가 살구나무 밑으로 다가왔다.

"살구꽃 정말 예쁘제?"

"응……."

동리는 마음속으로 선이의 얼굴이 살구꽃 같다는 생각을 문

우물 속에는 살구꽃 가지 하나가 동동 떠다니고
흰 구름 한 점이 내려와 있었다.

득 했다. 선이의 몸에는 살구꽃 향기가 배어있을 것만 같았다. 그 날 이후로 선이는 동리와 소꿉놀이도 같이 하고 하루 종일 같이 놀아 주기도 했다. 동리는 다섯 살, 선이는 한 살 많은 여섯 살이었지만 두 아이는 둘도 없는 단짝 친구로 아이들 사이에 소문이 났다. 몸이 허약했던 선이는 동리가 짓궂게 장난을 쳐도 같이 노는 것을 좋아했다.

한 해가 지나고 다시 이른 봄이 찾아와 살구꽃이 또 다시 꽃망울을 터트리고 있을 무렵이었다. 지난 겨울부터 유독 어린 아이들이 전염병에 걸려 죽었다는 살벌한 소문들이 심심치 않게 들려와 어른들의 얼굴엔 근심이 서려 있었다. 선이가 홍역을 앓고 있으니 그 집 근처에는 얼씬도 하지 말라고 어른들이 엄명을 내렸기 때문에 벌써 며칠째 그 아이의 모습을 볼 수 없었다. 무서운 생각들이 뇌리를 스쳐 지나갔다. 혹여 선이한테 무슨 나쁜 일이 일어난 건 아닌지, 이제 영영 볼 수 없게 되는 건 아닌지…….

이웃 선이 집에서 선이 엄마의 애간장을 다 녹이는 울음소리가 들려온 것은 바로 그 때였다.

"아이고, 아이고, 선아……."

동리는 가슴이 덜컥 내려앉는 것만 같았다. 담 너머에서는 남정네들의 수군거리는 소리가 들려오고 선이 엄마의 통곡소리는 그치지 않았다.

“아이고, 선아, 이리 가면 우야노… 내 우째 살라꼬 니 혼자 가노… 이 어린 것아…….”

선이 엄마는 이마를 담장에 찧어대며 울부짖었다. 이웃집 아저씨는 선이의 주검을 거적에 싸 지게에 얹더니 앞장 서서 길을 나섰다. 선이 아버지는 온 몸을 축 늘어뜨린 채 삽을 끌고 그 뒤를 따랐다. 상여도 없이 거적에 싸여 떠나가는 어린 딸을 보면서 선이 엄마는 까무러칠 듯이 대성통곡을 하며 울부짖었다.

아직 찬 기운이 남아 있는 바람이 매섭게 불어와 살구나무 가지를 뒤흔들었고 어제 밤에 꽃망울을 막 터트린 살구꽃잎들도 바람결에 흩날렸다. 눈물이 그렁그렁 고인 소년의 눈앞에 뽀얀 선이의 얼굴이 어렸다. 살포시 웃을 때마다 빨간 입술이 반달 같았던 그 아이의 웃음이 눈앞에 뿌옇게 스쳐 지나갔다. 선이의 주검 위로 떨어지는 하얀 살구꽃들이 바람에 날리며 동리의 귓가에 뭐라고 속삭이는 것만 같았다. 안녕, 안녕…….

동리는 툇마루에서 뛰어내려 대문을 박차고 나갔다. 그리고 어른들이 얼씬도 못하게 했던 선이네 집 쪽으로 내달렸다. 뒤따라온 누나가 동리의 팔을 꽉 붙잡고 놓아주지 않았다.

“창봉아, 니 거기 가면 죽는대이.”

“이거 놔, 놔란 말야. 따라 갈끼라. 나는 선이 따라 갈끼다.”

"니 그카면 죽는대이… 죽는대이……."

누나는 소리를 버럭 질러댔다. 그러나 동리는 악을 쓰며 발버둥을 쳐 누나의 팔을 홱 뿌리쳤고, 선이의 주검을 매고 간 두 남정네 뒤를 따라 달려갔다. 그들은 빈 들판을 따라 하염없이 걸어가고 있었다. 동리는 때 묻은 소매로 눈물을 닦아내며 그 뒤를 따라갔다. 그렇게 좋아했던 선이가 거적 속에 차갑게 누워 있다는 것을 생각하면 자꾸 목이 메였다. 눈물이 흘러 눈앞이 아득하고 희뿌예졌다.

선이 아버지는 몇 차례나 걸음을 멈추고 뒤따라오는 동리를 향해 소리를 질렀다.

"이 자슥아, 따라오면 큰 일 난대이. 어여 집으로 가거라. 어여……."

삽을 치켜들며 소리를 질러대는 선이 아버지의 무서운 얼굴을 보고서야 동리는 겨우 걸음을 멈추었다.

선이가 떠난 자리에 남순이 누나가 찾아 온 것은 어느 해 봄날 살구꽃이 활짝 피었을 무렵이었다. 남순이 누나는 둘째 고모의 막내딸로 동리에게는 고종사촌 벌이 되었다. 유난히 하얀 얼굴에 새까만 눈동자를 가진 누나는 동리가 일곱 살이었을 때 다섯 살 많은 열두 살이었다. 읍내에서 이십 리나 떨어진 한실 마을에서 학교까지 통학하는 누나는 큰 비가 오는 날이나 시험공부를 해야 할 때는 가까운 동리 집에 와서 자고 갔다. 동리는 남순이 누나만 보고 있어도 왠지 자꾸 가슴이 설레고 떨 듯이 좋았다. 누나가 집에 오는 날이면 동네 꼬마들과도 어울려 놀지 않고 하루 종일 누나 곁에서 맴돌았다. 남순이 누나도 그런 동리를 무척 귀여워하고 아껴주었다.

누나는 동리의 손을 잡고 우물가 살구나무 곁으로 다가가 한참이나 말없이 살구꽃을 쳐다보았다. 그리고 동리에게 말을 걸었다.

"창봉아, 살구꽃 참 예쁘제?"

"……."

동리는 문득 죽은 선이가 생각나 말없이 고개를 숙였다. 왠지 목이 메고 눈물이 핑 돌았다.

"꽃망울은 붉고 꽃잎은 희제?"

"……."

그 때 동리는 누나의 목덜미도 꽃잎처럼 새하얗고, 누나의 입술도 꽃망울처럼 붉다고 생각하고 있었다. 자꾸 가슴이 콩닥콩닥 뛰고 얼굴이 빨갛게 달아올랐다. 동리가 대답을 하지 않자 남순이 누나는 동리 쪽으로 얼굴을 돌렸다. 동리는 누나의 시선을 피하려고 우물 속을 들여다보았다. 우물 속에는 살구꽃 가지 하나가 동동 떠다니고 흰 구름 한 점이 내려와 있었다. 동리는 그것을 들여다보며 마음속으로 생각했다.

아직 찬 기운이 남아 있는 바람이 매섭게
불어와 살구나무 가지를 뒤흔들었고 어제 밤에
꽃망울을 막 터트린 살구꽃잎들도 바람결에 흩날렸다.

'남순이 누나도 선이처럼 살구꽃을 좋아하는 갑다. 얼굴 흰 것도 둘이 똑 같고…….'

동리는 누나와 함께 있는 동안 만큼은 오만 가지 슬픔을 잊을 수 있었다. 그러나 누나가 집으로 돌아갈 때는 그 몇 배가 되는 아픔이 어린 가슴에 엄습해 왔다. 누나가 떠나고 나면 동리는 오랜 기다림의 시간을 혼자서 견뎌야 했다.

그렇게 4년이라는 세월이 흘렀다. 동리가 경주 제일교회 부속 초등학교 2학년이 되었을 때, 남순이 누나는 열여섯의 나이로 학교를 졸업했다. 졸업한 후에는 읍내 교회에서 일요일 예배 때에만 누나를 볼 수 있었다. 남순이 누나가 더 이상 동리의 집을 찾아오지 않았기 때문이었다. 그래서 동리는 일주일 내내 일요일 하루만을 손꼽아 기다렸다. 예배가 끝나면 누나는 잠시 동리와 인사만 나누고 걸음을 재촉해 제 집으로 가버렸다. 예전 같지 않은 누나가 몹시 야속하고 미웠다. 그런데 늦가을이 오고 날씨가 차가워지자 남순이 누나는 읍내 교회에도 나오지 않았다.

그 해 겨울 누나는 병을 심하게 앓았다. 어른들이 상심이 가득한 얼굴빛으로 쉬쉬하며 남순이 누나 얘기를 하는 것을 동리는 몰래 엿들었다. 선이가 죽던 그 날 언덕 위에서 불어대던 차가운 칼바람이 또다시 동리의 가슴에 찾아들었다. 결국 남순이 누나는 병명도 알지 못하는 어떤 몹쓸 병을 앓다가 열여섯의 나이로 죽고 말았다.

좋아했던 선이를 잃어버린 아픈 기억을 고스란히 안고 있던 어린 소년에게 남순이 누나의 죽음은 너무도 감당하기 힘든 큰 충격이었다. 결국 동리도 병을 얻어 자리에 눕고 말았다. 집에서는 계속 한약을 지어다 먹이고, 별별 좋다는 약은 다 구해다 먹였지만 병은 별 차도를 보이지 않았다. 일주일이 지나도 동리는 제대로 기력을 되찾지 못하고 혼수상태에 빠져 있었다. 한의사를 불러와도 병의 원인을 밝혀 내지 못했다. 이주 정도 지나 건강이 좀 좋아지는가 하면, 또 얼마 지나지 않아 온 몸에 열이 펄펄 끓어오르고, 심한 감기 몸살이 동리의 허약한 몸을 덮쳤다. 그런 일은 반복적으로 일어났고, 때론 한 달이 넘게 앓아누워 있을 때도 있었다.

동리는 점점 더 외로운 아이가 되어갔다. 동네 아이들과도 어울리지 않고 혼자서 들로 산으로 돌아다니는 것을 더 좋아했다. 그러다 제일 많이 간 곳이 부헝듬의 늪이었다. 늪으로 가는 길에 있는 송호라는 작은 못을 지나칠 때면 으레 등이 검푸르고 배가 새빨간 물새 몇 마리를 볼 수 있었다. 동리는 그 물새들 중에는 이승이 그리워 찾아온 선이와 남순이 누나의 혼이 있을 거라고 생각했다. 한 겨울을 고통스런 병상에서 보내며 동리의 영혼은 부쩍 자란 것이다. 동리는 열아홉 살이 되던 해 혼자서 잡지를 한 권 만들었다. 그리고 거기에 「누나의 추억」이라는 제목의 소설을 실었다. 남순이 누나에 대한 이야기였다. 10년의 세월 동안 기억 저편에 꼭꼭 묻어두고 있던 이야기들을 실타래처럼 풀어낸 것이다. 동리는 감당할 수 없는 모진 아픔을 마음의 늪 속에 깊이 묻어두고서도 살아가는 법을 터득하고 있었다. 마치 부형듬 깊은 늪 속에 사는 이름모를 생명체처럼…….

3 아아, 우리의 영원한 향수

아아, 우리의 영원한 향수, 영원한 동경,

영원한 눈물은 어머니인 것이다.

「나를 찾아서」 중에서

늦둥이로 태어난 막내 동리는 언제나 어머니의 품을 그리워했다. 봄, 여름, 가을 내내 농사일에 쫓겨 들판에서 구슬땀을 흘리던 어머니는 밤이 늦어도 좀처럼 동리 곁으로 돌아오지 않았다. 사계절 중에 유독 어머니를 가까이에 두고 볼 수 있었던 계절은 겨울이었다. 호롱불 밑에서 잠 못 드는 동리를 위해 옛날 이야기를 들려주고 자장가를 불러주던 어머니에 대한 기억은 언제나 동리의 가슴 속을 따스하게 했다. 그 기억은 차가운 바깥 겨울 날씨에도 언제나 따뜻한 아랫목같은 것이었다.

어느 해 겨울 동짓날 밤이었다. 아버지는 북문 안에 있는 상가의 점포로 가고 어머니와 누나와 동리 셋이서 기나긴 겨울밤을 맞고 있었다. 몹시 춥고 칠흑같이 까만 밤이었다. 밤이 꽤 깊어지자 저녁에 먹은 팥죽 배가 꺼지고 허기가 감돌기 시작했다. 어머니는 무슨 생각을 하였는지 슬그머니 문밖으로 나갔다. 그리고는 한참 후에 조그만 나무 함지에 떡을 담아 돌아왔다. 그것은 누렇게 익은 호박을 썰어 넣어 찐 호박시루떡이었다. 호박시루떡과 호롱불 아래서 듣는 옛날이야기, 그리고 어머니가 곁에 있는 것만으로도 그 무엇과도 바꿀 수 없는 행복한 겨울밤이었다.

동리의 어머니는 마을 아낙네들과 함께 절에 다니기를 즐겨했다. 절에 간 어머니가 늦게까지 돌아오지 않으면 어린 동리는 뒷동산에 올라 멀리 절에서 비쳐오는 불빛을 하염없이 바라보다가 앉은 자리에서 잠이 들곤 했다. 그럴 때면 누나가 처연해하며 어린 동리를 업고 집으로 데려왔다.

동리가 여섯 살 나던 해였다. 초파일 날 아침에 어머니는 한복을 곱게 차려 입고 절에 갈 채비를 하였다. 매번 그랬던 것처럼 이번에도 혼자 갈 모양이었다. 동리는 이른 아침부터 일어나 같이 가자고 떼를 썼다. 하지만 지난번처럼 울며불며 매달리지는 않았고 좀 더 차분하게 어머니의 동정을 살폈다. 이번에는 기어코 따라가리라는 결연한 의지가 얼굴에 역력히 드러나 있었다. 동리의 간절한 부탁을 한 귀로 흘린 어머니는 큰 형수에게 아이를 부탁하고는 대문을 나섰다. 동리도 어머니를 따라 집을 나섰다. 동네 한 가운데까지 따라온 막내아들을 쳐다보더니 어머니는 가던 걸음을 멈추고 한참을 섰다가 돌연 집 쪽으로 방향을 바꾸어 걸어갔다. 고집스러운 막내아들이었다. 동리도 어머니를 따라 집으로 갔지만 대문 안으로는 들어가지 않았다. 조금 후에 누나가 밖으로 나왔다.

"무슨 아가 그리도 고집이 세노? 어서 들어가서 세수하고 옷 갈아 입거라. 엄마가 니 댈고 절에 간단다."

"그기 정말이가? 정말 절에 가도 되는기가?"

"그렇다 안 카나. 어여 들어가서 얼굴부터 씻어라."

그 날 어머니는 막내아들 동리를 데리고 분황사에 갔다. 어머니와 단 둘이 집을 나서는 건 그 날이 처음인지라 동리는 신이 났다. 분황사가 가까워지자 연등과 종이꽃들이 나풀대는 모습이 한 눈에 들어왔다. 인파로 붐비는 경내에 들어섰을 때 시야를 가득 매운 화려한 연등들의 아름다움에 저절로 입이 딱 벌어졌다. 어머니와 함께 있는 기쁨과 아름다운 경관 앞에

연등과 종이꽃들이 나풀대는 분황사의 초파일은 꿈속에서 본 신비한 궁전 같았다.

서 느끼는 흥분이 뒤섞여 소년은 온통 행복감에 도취되어 버렸다.

날이 어두워지자 스님들은 연꽃 초롱에 불을 밝혔다. 순식간에 법당 안으로 불빛 물결이 밀려들고 그 위로 나비들이 날아오르듯 깃발들이 휘날리고 있었다. 마치 꿈속에서 본 신비한 궁전 같았다. 그러나 일정하게 들려오는 스님들의 목탁소리와 염불소리가 어린 아이의 잠을 재촉했다. 동리는 어머니의 따뜻한 품에 안겨 스르르 잠이 들었다.

"석가모니불… 석가모니불……."

얼마나 오래 잠들었던 것일까? 장중한 새벽 예불소리가 들려왔다. 수많은 스님들이 정좌하고 함께 외우는 불경소리가 마치 단성부로 노래하는 합창처럼 들려왔다.

다음 날 동리는 돌아오는 길에 어머니에게 물었다.

"엄마, 서어까무니불이 뭐꼬?"

"부처님 이름 아이가."

"부처님이라꼬…? 서어까무니불……."

어머니 손을 잡고 내려오는 산길은 너무나 아름다웠다. 동리는 한 해 전에 죽은 선이를 생각하고 있었다. 어쩌면 그 아이가 떠나간 저 세상은 차갑고 어둡기만 한 것이 아니라 이보다 더 좋고 아름다운 곳일 지도 모른다는 생각이 들었다. 어머니의 따뜻한 품속에서 지새운 그 분황사 초파일의 아름다운 밤! 이보다 더 행복한 날이 세상에 다시 있을 것 같지 않았다. 결코 잊을 수 없는 소중한 추억이었다. 어머니가 잡은 손에는 따뜻한 기운이 느껴졌다.

"사람에게 혼이 있다면 우주에도 혼이 있지 않을까? 그렇다면 사람도 우주도 그 근원은 같은 곳에 있는 것은 아닐까?"

동리는 자신을 비롯한 세상의 모든 사람들은 이 우주 삼라만상과 한 몸처럼 이어져 있다는 생각을 하며 몸을 떨었다. 어머니의 손을 통해 그 기운이 느껴졌다. 한 목소리가 되어 들려오는 스님들의 새벽 예불소리가 저리도 가슴 아리게 들려오는 이유는 세상의 모든 생명들이 서로 하나로 엮여 있기 때문일 것이다.

묵묵히 농사일에 전념하며 오로지 아버지의 뜻에만 복종하며 살아온 어머니에게 전혀 예상치 않은 일이 벌어졌다. 그렇게도 열심히 절에 다니던 분이 갑자기 성경책을 들고 교회에 나가기 시작한 것이다. 그것은 불교나 유교에 대한 반감에서라기보다 아버지의 무절제한 음주와 폭행을 참다못한 어머니의 결연한 저항의 표시였다. 사실, 어머니의 분노는 어린 동리가 술찌끼를 먹고 툇마루에서 꼬꾸라져 떨어지는 장면을 목격했을 때부터 비롯되었던 일이었다. 동리는 어머니가 아버지와 거센 충돌을 일으킨 이유를 이해하고 있었다. 온종일 술에 절어 살며 어머니에게 마구 손찌검을 해대던 아버지에 대한 기억은 동리에게도 평생토록 씻을 수 없는 어두운 그늘이었다. 장사 일을 하던 아버지는 밤낮을 가리지 않고 술을 마셨다. 욕을 해대며 어머니의 머리채를 끌어 당겨 사정없이 때리거나 술 사발을 내 던지는 일이 예사였다. 그럴 때면 누나는 소리를 질러댔고, 어린 동리는 무서워서 집이 떠나가도록 큰 소리로 울어댔다. 무슨 일인가 하고 담장 너머로 훔쳐보던 동네 사람들은 혀를 끌끌 차며 안쓰러워했다.

"에구, 뭔 집안이 좀 조용할 날이 없노?"

"자식 새끼들 보는 앞에서 저 뭐 하는 짓이고……."

"아주머니가 불쌍하지예. 그 착한 사람이 잘못하는 게 뭐 있다꼬… 뼈 빠지게 일만 하는 거로… 쯧쯧."

"그라이께 서방을 잘 만나야 되는기라. 서방을……."

어린 동리의 마음속에는 아버지를 미워하고 원망하는 마음이 점점 커갔다. 아버지의 무모한 폭행으로 온 몸과 마음에 피멍을 안고 살아가는 어머니가 한없이 애처롭고 가여워 보이기만 했다. 그 때 느낀 두려움과 불안, 고통, 증오의 감정은 평생동안 동리의 몸속에 독소가 되어 그의 심장을 찔러대곤 했다.

동리가 일곱 살 되던 해였다. 기독교로의 개종을 단단히 마음에 굳힌 날, 어머니는 제일 먼저 큰 방으로 들어가 다락문을 열어 젖혔다. 그리고 다락 한 구석에다 조상 대대로 모셔오던 신주단지를 꺼내 마당으로 내동댕이 쳐버린 것이다. 명백한 어머니의 독립 선언이었던 셈이다. 그리고는 교회를 나가기 시작했다. 어머니의 그런 행동을 보고 아버지는 분통을 터트렸고, 집안 분위기는 더욱 살벌해졌다.

아버지의 반대가 강해지면 강해질수록 어머니의 신앙은 더욱 더 심지가 굳어갔다. 매일 밤 호롱불 밑에서 성경을 읽고 끝없이 긴 기도를 했다. 어머니는 며느리와 딸들을 모두 교회로 이끌어냈고, 동리와 조카들을 미션 스쿨인 교회 부속 초등학교에 입학시켰다. 평생 동안 식구들을 위해 희생하고, 그들의 안위를 위해 기도해 온 어머니는 그 작은 체구로 이렇게 철저하게 아버지에게 마지막까지 저항한 것이다. 그런 모습이 안쓰러워 작은형이 어머니에게 타박을 했다.

"허지만 엄마도 우리 집안 신주단지 박살낸 건 잘못 했심더."

아들의 핀잔을 묵묵히 듣고 있던 어머니의 반응은 퉁명스러웠다.

"그렇지만 두 신을 섬길 수는 없는 노릇 아이가?"

그로부터 20여 년이 훌쩍 지나, 일제 말기에 벌어진 전쟁 통에서의 어머니 모습을 동리는 잊을 수 없었다. 동리가 사천군

아아, 우리의 영원한 향수, 영원한 동경,
영원한 눈물은 어머니인 것이다.

에서 양곡조합 서기로 일하고 있을 때였다. 그 때는 매일 밤 공습경보가 울렸고, 야밤에 폭격기가 들이 닥칠지도 모른다는 두려움에 사람들은 뒷산으로 피신을 갔다. 어떤 날은 한밤중에 공습경보가 울려서 잠에서 깨어나 잠옷 바람으로 피신을 가야 할 때도 있었다. 그 날 밤도 어김없이 공습경보가 요란하게 울려대고 있었다. 아이들과 아내를 바깥에 세워두고 동리는 어머니를 재촉했다.

"어무이, 얼른 나갑시더, 고마."

그러나 어머니는 꿈쩍도 않고 앉아 계셨다.

"내사 다 늙은 게 죽으면 어떠냐? 너거나 얼른 가거라."

머리 위엔 미군의 전투기인 듯한 비행기 소리가 웅웅대고, 공습경보는 더 크게 울려왔다. 그러나 어머니는 캄캄한 방 안에 오도카니 앉아 전혀 움직일 기색을 보이지 않았다.

"지발 얼른 나오이소, 고마."

한 순간 난감해진 동리의 눈에는 눈물이 핑 돌았다. 그런 동리를 아랑곳 하지 않고 어머니는 찬송가를 부르기 시작했다. 어머니의 황소고집을 아는 아들은 결국 어머니를 혼자 남겨둔 채 가족들을 데리고 급히 산으로 피신을 했다.

어머니의 찬송가 소리가 떠나는 아들의 뒤에서 계속 들려왔다. 뒷산의 안전한 곳을 찾아 들어왔을 때도 어머니의 찬송가 소리는 그곳까지 따라와 귀에 맴돌았다. 그 날 밤 미군의 비행기가 머리 위에서 맴돌았기 때문에 틀림없이 폭격이 가해지리라고 생각했지만, 다행히 아무 일없이 두려운 밤은 지나갔다. 그러나 어머니의 찬송가 소리는 오래도록 밤하늘의 찬 공기를 가르고 있었다.

> 내 주여 뜻대로 행하시옵소서 / 내 모든 일들을 다 주께 맡기고
> 저 천성 향하여 고요히 가리니 / 살든지 죽든지 뜻대로 하소서

4 문학의 요람

나의 과거 칠십 년 동안을 통틀어

계성 시절만큼 나의 기억 내지 추억 속에

많은 것을 남겨준 '두 해'는 없을 것이다.

그만큼 그 당시, 그 상황 속에 있어서의

계성은 문학적인 것으로 차 있었다.

『계성문학』 제5호 권두언 중에서

동리가 경주 제일교회 부속학교인 계남보통학교에 입학하게 된 것은 순전히 기독교 신자인 어머니 덕분이었다. 계남보통학교는 맥팔랜드(E. F. McFarland; 맹의와; 孟義窩)라는 미국 선교사가 세운 학교였다. 일제 강점기였는데도 불구하고 자유주의적인 분위기와 민족의식을 강조하는 전통이 이 학교에는 살아 있었다. 그 당시는 일제 치하였기 때문에 일본어를 국어라 하고, 우리말은 조선어라고 해야 했다. 그래서 일본말 교과서는 국어 독본, 우리말 교과서는 조선어 독본이라고 씌어져 있었다. 그런데 동리가 초등학교 4학년 때 만난 이경도 선생님이라는 분은 구태여 조선어 독본을 국어책이라고 부르고, 국어독본이라고 씌어진 책은 일어책이라고 불렀다. 아이들의 질문이 없을 수 없었다.

"일본말 책에 국어독본이라고 적혔는데, 왜 선생님은 조선어독본을 국어책이라고 부릅니까?"

이경도 선생님은 한참을 말없이 서 있다가, 아주 상기된 표정으로 조용히 대답했다.

"너희들, 내 말 잘 들어두어라. 국어는 자기 나라 말이라는 뜻이다. 우리는 조선 사람이다. 그러니 마땅히 조선말이 우리 국어가 되어야지, 일본말이 국어가 될 수는 없는 법이다. 이것은 일본 사람들이 우리 조선 사람을 업신여기고 조선을 자기네 속국이라 억지 주장을 하려는 것이다. 모두들, 알겠느냐?"

교실 안에는 한 동안 침묵이 감돌았다. 동리는 그날 이후로 절대로 일어를 국어라고 부르지 않았다. 그러나 이경도 선생님은 동리가 4학년 2학기 때 일본 경찰에 의해 연행돼 갔고,

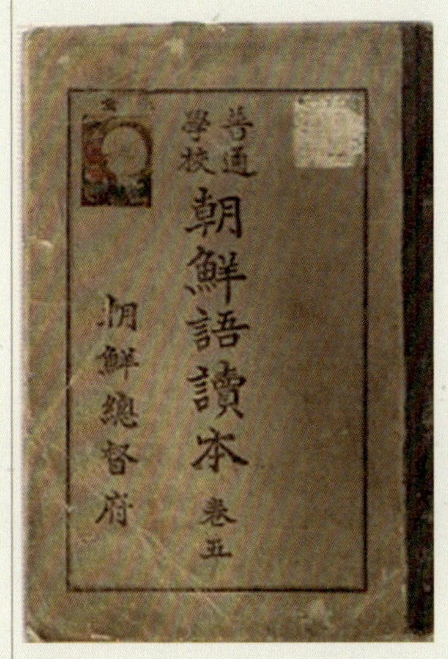

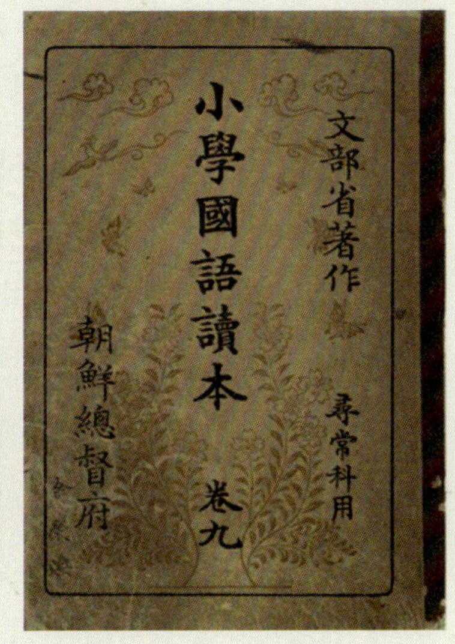

당시에 조선어독본은 한국어를, 국어독본은 일본어를 배우는 책이었다.

그 후로 다시는 학교로 돌아오지 못하였다.

동리가 6학년이 되었을 때, 하루는 담임선생님이 학교에서 문집을 내고자 하니 각자 동시와 동화 등을 써오라는 당부를 하였다. 글의 제목과 주제가 따로 정해져 있지 않으니 마음대로 정해서 쓰면 된다는 말도 덧붙였다. 동리는 그 동안 수업 시간에 작문이라는 것을 여러 차례했지만 별로 재미가 없었다. 선생님이 정해준 제목만을 가지고 글을 써야 했고, 그 제목에 사로잡혀 글이 한 줄도 제대로 써지지 않을 때도 있었기 때문이었다. 그런데 이번에는 마음대로 제목을 정할 수 있다는 말을 듣고 은근히 욕심이 생겼다. 동리는 이틀 동안 머리를 싸매고 끙끙거리다가 동시 한 편과 소설 한 편을 완성했다. 선생님은 아이들의 글을 등사하여 학교 문집을 만들고, 표지에 '봄비'라는 예쁜 이름을 붙였다. 그리고 학교 전체 선생님들과 6학년 학생들 모두에게 한 권씩 나누어 주었다. 동리의 글은 유독 돋보였던 모양이었다. 선생님들은 동리가 이렇게 글재주가 뛰어난 줄은 미처 몰랐다며 한 목소리로 칭찬을 했고, 학급 친구들 사이에서도 동리는 글 잘 쓰는 아이로 통하기 시작했다.

키도 작고 몸도 왜소한데다 성적도 별 볼일 없던 동리가 학교에서 일약 유명인사가 된 것은 또 다른 사건이 일어났기 때문이었다. 문집 〈봄비〉가 출간되고 나서 얼마 지나지 않아 경주 경찰서 고등계에서 김창귀라는 초등학생 앞으로 호출장을 발송했던 것이다. 교장 선생님을 비롯한 많은 선생님들은 어찌 된 일인지를 몰라 당황했고, 어린 학생이 경찰에 불려가 매를 맞지는 않을까 몹시 걱정했다. 동리는 경찰서에서 호출장을 받았을 때 직감적으로 〈봄비〉에 실린 시가 말썽이 되었을 거라는 것을 알고 있었다. 경찰서를 들락날락 하던 큰형님을 보아 온 탓이었다. 동리는 떨리는 가슴을 진정시키며 경찰서로 들어섰다. 일본인 고등계 주임 형사는 책상에서 책 한 권을 집어 들었다. 예상했던 대로 동리의 글이 실린 학교 문집 〈봄비〉였다. 일본인 형사는 심문을 시작했다.

"너 이거 네가 쓴 게 아니고 누가 써준 거지? 그렇지?"

그가 손가락으로 가리킨 것은 동리의 시 「돛대 없이 배 탄 백의인(白衣人)」이었다.

"제가 쓴 시입니더."

"똑바로 말하지 못해! 너희 형이 쓴 거지, 아니면 너희 선생이 쓴 거냐?"

"제가 썼심더."

"그게 정말이냐?"

"정말입니더."

아이의 대답이 일관된 걸 보고 일본인 형사는 조금은 의외라는 듯 몸을 뒤로 젖혀 팔짱을 끼고는 다시 묻기 시작했다.

"그럼 한 가지만 더 물어보겠다. 너 이 '백의인'이란 말 어디서 나왔냐?"

사실 초등학교 어린이의 수준으로는 쉽게 쓸 수 있는 말이 아니었다.

"백의인이란 흰 옷을 입은 사람을 말하는 깁니더. 며칠 전에 무슨 신문을 봤는데 만화가 있길래 함 들여다 봤심더. 거기에 어떤 바위 꼭대기에 흰 두루마기를 입고 갓을 쓴 사람이 턱 앉아 있었지예. 설명문을 보니 아무데도 갈 데 없는 '백의인'이라고 씌어져 있었심더. 그래서 저도 처음 보는 그 말을 그냥 써 본 깁니더."

그러나 '백의인'이란 동리에게 그리 단순한 단어가 아니었다. 한학에 심취해 있으면서 민족에 대한 애정을 한시도 저버리지 않았던 형님 덕택에 이미 그의 정신세계에는 시상(詩想)의 열매들이 영글고 있었던 것이다.

일본인 주임 형사는 여전히 마뜩치 않은 표정이었다.

"이것 봐. 어린 나이에 벌써부터 삐뚤어진 길로 가면 못써. 똑바른 길로 가야지. 앞으로 조심해!"

동리가 경찰서에 다녀온 다음날 학교에 갔을 때 선생님들은 안도의 한숨을 내쉬며 반겨주었다. 그리고 담임선생님은 동리가 크면 반드시 훌륭한 작가가 될 거라고 말했다. 그 말 한마디에 동리는 경찰서의 그 공포스런 순간을 다 날려버릴 수 있었다. 그리고 어쩌면 자신도 훌륭한 작가가 될 수 있을지도 모른다는 희망을 가슴 깊은 곳에 차곡차곡 쌓기 시작했다.

초등학교를 다니면서부터는 부헝듬에 자주 갈 수가 없었다. 학교에서 돌아오면 곧장 해가 저물어 버리곤 했기 때문이었다. 그래서 주로 일요일이 되면 그곳을 찾아가 늪에 사는 지네, 까치, 머구리, 두꺼비들과 온갖 벌레들을 한참 지켜보다가 돌아오곤 했다. 그런데 언제부터인지 부헝듬보다 그 부근에 있는 송홋골 골짜기로 찾아가는 일이 많아졌다. 가을이 되면 송홋골 골짜기에는 가랑잎들이 수북수북 쌓여 골짜기가 온통 푹신한 방석들을 깔아 놓은 것 같았다. 동리는 가랑잎이 많이 쌓인 곳을 찾아 누웠다. 바스락 소리를 내는 가랑잎들 사이로 흙냄새가 풍겨와 코 속으로 스며들었다. 단풍이 든 아름다운 나뭇잎들이 바람에 흔들리고, 메마른 나뭇가지들 사이로 따스한 햇살이 비쳐 들었다. 그러다 스르르 눈이 감기면 끝모를 단잠에 빠져들곤 했다.

송홋골의 가랑잎 위에 몸을 던지면 집안 일도, 별 볼일 없는 학교 성적에 대한 걱정도 바람에 실어 멀리 날려 보낼 수 있었다. 그러나 죽음에 대한 생각만은 좀처럼 떠나가지 않았다. 선이의 죽음, 남순 누나의 죽음, 그리고 언젠가는 찾아 올 자신의 죽음에 대해 생각했다. 이대로 따스한 햇살이 비쳐 드는 폭

신폭신한 가랑잎 위에서 편안히 죽을 수만 있다면 좋을 것 같다는 생각도 했다. 죽음은 어쩌면 두려움이나 괴로움 저 너머 있는 아름다운 낙원인 것은 아닐까? 동리는 낙엽 위에 누워 생사를 가늠하는 막연한 상념 속에 하염없이 빠져들었다.

동리는 계남보통학교를 졸업하고 난 후, 1926년에 열네 살의 나이로 고향 경주를 떠나 대구에 있는 미션 스쿨인 계성중학교에 입학했다. 그러나 낯선 도시의 생활환경에 잘 적응하지 못했다. 향수병에 걸려 처음부터 몹시 괴로운 날들을 보내야 했고, 그러한 부적응 상태는 상당히 오랜 기간 지속되었다. 기숙사 생활을 했지만, 중학 1학년 내내 친구 하나 제대로 사귀지 못하는 외로운 시골뜨기 학생이었다. 학과 수업을 받는 동안에도 내내 집중을 하지 못하고 끝나기만을 초조히 기다렸다. 공책에다 경주 고향 집 주소를 수백 번이 넘게 적다 보면 수업 끝나는 종소리가 울릴 때도 있었다. 그렇다고 수업이 끝나고 나면 뭔가 특별히 할 일이 있는 것도 아니었다. 기숙사 책상 위에 책가방을 내던져 놓고 교정의 플라타너스 나무 아래 가서 멍하니 혼자 서 있거나, 그도 아니면 대낮부터 이불을 뒤집어쓰고 잠을 자는 일이 전부였다.

주말은 더 견디기 힘들었다. 다른 학우들은 삼삼오오 짝을 지어 외출을 하거나 운동을 하러 나가고, 어떤 애들은 친척이나 친구들을 만나러 시내로 가고, 몇몇은 고향 집에 들르러 가고 나면 기숙사는 텅 비었다. 동리는 고향에 내려갈 수 있는 처지도 못되다 보니 기숙사에 혼자 남아 이불을 뒤집어쓰고 자는 게 예사였다. 고향에 두고 온 어머니와 형제들, 부헝듬의 늪과 송홋골 지천에 깔려 있던 가랑잎들이 사무치도록 그리웠다. 고향에 대한 향수병이 심해지면 심해질수록 회색빛 도시는 마음에 들어설 자리가 하나도 없어지고, 이곳에서 만나는 사람들도 낯선 타인으로만 여겨졌다. 고향 마을 사람들은 그리도 인정이 많았는데, 고향 학교 선생님들께서는 그렇게도 따뜻하게 대해 주시고 보듬어 주셨는데, 이 도시에서는 모든 것이 그 반대였다. 도시는 삭막하고, 도시 사람들은 무심하고 냉정하게 자신을 배격하고, 도시 교사들은 무섭고 두려운 존재들일 뿐 동리에게는 아무런 관심도 가져주지 않는 듯 했다.

엎친 데 덮친 격으로, 그 해에 아버지마저 돌아가셨다. 평소 술을 많이 드신 탓에 위궤양을 심하게 앓았는데, 결국 그 병이 도져 연세가 육십이 채 못 되어 유명을 달리하신 것이다. 동리는 아버지의 죽음 앞에서 막막한 슬픔과 인생의 허망함을 느꼈다. 고독이 뼈에 사무치고 머리는 온통 걱정들로 가득 차 하루도 더 못 견딜 것 같은 날들이 계속되었다.

동리가 계성학교에서 기지개를 펴기 시작한 것은 가을이 되

그의 학창시절은 외로움과의 투쟁이었다.

어 학교 뒷동산 숲 속에 숨어있는 무덤 두 개를 발견하고 나서였다. 낙엽들이 무덤을 덮고 있는 금잔디 위에 수북수북 쌓였다. 그것은 바로 동리가 그토록 사무치게 그리워하던 고향 경주의 부형듬 늪과 송홧골에 쌓여있던 가랑잎들이었다. 그리고 그 무덤들은 바로 어머니의 젖가슴이었다. 그때부터 동리는 매일 수업이 끝나기가 무섭게 이곳으로 달려왔다. 가랑잎 위에서 뒹굴기도 하고, 무덤가에 기대어 독서 삼매경에 빠져들기도 했다. 계성에서 2년간의 학창시절은 동리가 문학수업을 위해 씨앗을 심고 땅을 다지던 시간이었다.

> (계성학교에 다닌) 두 해 밖에 안 되는 동안에도 나는 많은 것을 보고 듣고 느끼고 경험할 수 있었다. 그 '많은 것'들이 하나도 범상하거나 용렬한 것이 없고 모두가 그렇게 나에게 있어서는 신기하고 특이해서 지금도 잊혀지지 않고 있다. 나의 과거 칠십 년 동안을 통틀어 계성 시절만큼 나의 기억 내지 추억 속에 많은 것을 남겨준 '두 해'는 없을 것이다. 그만큼 그 당시, 그 상황 속에 있어서의 계성은 문학적인 것으로 차 있었다.
>
> 〈계성문학〉 제5호 (1985) 권두언 中

5 범부(凡夫) 선생의 골방

어느 개인 가을밤
하늘 한가운데로
길게 길게 비껴 누운 그것은
나
은하가 흐른다

「은하」 중에서

당시 계성학교의 교장은 핸더슨(Harold H. Henderson)이라는 미국인 선교사였고, 그의 한국 이름은 현거선(玄居善)이었다. 계성학교에 21회로 입학한 동리는 1919년 대구 3·8 만세

운동 때 계성학교의 교사들과 학생들이 벌인 항쟁에 대해 전해 듣고 자신이 계성인이라는 데에 큰 자긍심을 가지게 되었다. 일제의 억압과 감시가 삼엄한데도 정의의 승리와 한국의 해방을 높이 부르짖었던 미국인 교장 선생 핸더슨에게서도 큰 감명을 받았다. 핸더슨 교장 선생은 박식한 학자인데다 음악에도 능통했다. 유창한 우리말 솜씨로 설교를 하는 그의 당당한 모습은 진정한 지성인의 면모를 엿보게 했다.

동리는 중학교를 마치면 의학 전문학교에 진학할 예정이어서, 계성학교에서 2학년까지 수학하고 난 후 부득이하게도 학교를 옮기지 않을 수 없었다. 계성학교는 그 때까지 정부 당국으로부터 고등보통학교에 해당하는 '지정학교' 허가를 받지 못하고 있었고, 당시 '지정학교' 졸업생들이 아니면 전문학교 응시 자격이 주어지지 않았기 때문이었다. 그렇게 계성학교에서의 2년 수학 생활을 접고 동리는 1928년에 서울 경신학교에 3학년으로 편입을 했다. 이로써 동리는 보통학교에서부터 계성을 거쳐 경신학교에 이르기까지 줄곧 미션 스쿨을 다니게 된 것이다.

서울에서 학교생활에 적응하는 일도 만만치 않았다. 무엇보다도 경상도에서 처음으로 서울에 올라 온 시골 촌뜨기 소년에겐 서울 사람들이 딴 나라 사람들 같아 보였다. 같은 반 학우들은 동리가 쓰는 경상도 사투리 중 거의 태반을 알아듣지 못했고, 동리가 한 마디만 하면 '와아'하고 웃음보를 터트리기 일쑤였다. 그들 중에는 함경도와 전라도, 평안도에서 온 학생들도 더러 있어 그들이 사투리를 쓸 때는 그렇게 큰 관심거리가 되지 않았다. 유독 동리가 경상도 사투리로 말만하면 교실에서는 온통 폭소가 터져 나왔고, 어떤 아이는 책상을 두들기며 웃음을 참지 못해 배를 잡고 뒤로 넘어가기도 했다. 그러나 동리는 당당했다. 자신이 쓰는 경상도 말이야말로 그에게는 그 무엇과도 바꿀 수 없는 모국어였던 것이다.

일본어 시간이었다. 그러니까 그들 방식으로 하자면 국어시간인 셈이었다. 하마구치 선생은 세계 문학사에 대해 열변을 토하고 있었다.

"제군들, 세계 문학에서 가장 뛰어난 작품은 러시아 작가 도스토옙스키의 「카라마조프가의 형제들」이라는 작품이오. 이 작품을 안 읽었으면 문학 작품 읽었다 할 수 없지요."

그 때 양재황이라는 학생이 질문을 던졌다.

"도쿠도미 로카의 「두견새」는 어떻습니까?"

하마구치 선생은 그에게로 눈길을 돌렸다. 양재황은 문학을 좋아해서 특별히 동리와 가까이 지내던 친구였다.

"소설에는 인생관이라는 것이 있어야 하는데, 자네가 말하

도스토옙스키, 빅토르 위고, 셰익스피어 등은
동리 문학의 스승들이었다.

는 로카의「두견새」는 인생관이 얕아서…….”

야마구치 선생의 이 말은 동리에게 큰 자극이 되었다. 당장 도스토옙스키의「카라마조프가(家)의 형제들」과「죄와 벌」부터 구해 읽었다. 빅토르 위고의「레 미제라블」을 읽게 된 것은 영어 선생님의 소개 덕택이었다. 셰익스피어라는 작가의 이름을 알게 된 것도 그 즈음이었다.「햄릿」은 도서관에서 구할 수가 없어 충무로의 고서점 골목을 뒤져 어렵게 구해 읽었다. 동리는 이렇게 서서히 문학의 매력에 빠져들었다. 경신학교에서 보낸 3학년 한 해는 문학의 분위기에 완전히 도취되어 있었다고 해도 과언이 아니었다. 끊임없이 솟아나는 문학에 대한 열정이 서서히 동리의 삶 전체를 지배하기 시작했던 것이다.

동리가 생전 처음으로 작품을 신문에 기고하게 된 것은 4학년 때였다. 〈중외일보〉의 기자로 근무하고 있던 김말봉 여사의 권유로 쓴「고독」,「방랑」,「기러기」등의 시와 수필이 신문에 게재가 된 것이었다. 자신의 작품이 실린 신문을 펼쳐 보았을 때 느낀 짜릿한 기분은 평생 잊을 수가 없었다. 원고료를 받았을 때는 이루 말로 다 형언할 수 없을 정도로 기뻤다. 그러나 얼마 후 고향에서 날아온 한 통의 편지로 인해 그 기쁨은 그리 오래 가지 않았다.

아버지가 돌아가시고 난 후, 장사를 해서 집안 살림을 꾸려

가고 있던 작은형이 보낸 편지로 더 이상 동리의 학비를 대는 일이 만만치 않다는 내용이었다. 동리는 며칠 동안 답장을 쓰지 못하고 혼자서 고민을 하다가 그 당시 부산에 있던 큰형님에게 편지를 보내 이 문제를 상의했다. 범부(凡夫) 선생이라고 불리는 큰형님도 일본 형사들의 눈을 피해 전국을 떠돌아다니며 강의를 해서 근근이 자신의 생계만 유지하고 사는 처지였다. 곧 큰형님한테서 답장이 왔다. 부산 동래고보에 전학시킬 수 있는지 알아볼 테니, 서울 생활을 정리하고 일단 부산으로 내려오라는 내용이었다. 동리는 자취방 짐을 꾸려 부산으로 내려갔으나 동래고보 전학은 뜻대로 되지 않았다. 큰형님에게 그만한 돈이 없었던 것이다. 결국 동리는 학교를 중퇴한 채 당분간 형님 댁의 식객(食客)으로 지내야 했다.

경신중학교에 이렇게 1년을 다닌 것이 김동리에게는 마지막 학력이다. 그는 대학을 다닌 사실이 없다. 현해탄을 건너본 일도 없다. 동리는 공립학교에서 식민지 교육을 받은 일도 없다. 그의 근대 문명 체험은 오직 미션스쿨에서 받은 교육이 전부이다. 경주 제일교회에서 운영하는 계남소학교 6년, 대구 계성중학 2년, 그리고 서울 경신중학을 3학년에 편입해 1년을 다니다 중퇴했을 뿐이다. 그러나 동리는 한시도 책을 손에서 내려놓은 적이 없었다.

동리는 골방에 누워 문틈 사이로 밤하늘에 반짝이는 별을 바라보는 버릇이 있었다. 별을 쳐다보고 있으면 죽어서 별이 되었을 선이와 남순이 누나 생각에 또 다시 눈물짓곤 했다. 어떤 날은 자신도 죽고 나면 저 하늘의 별이 되어 그들 옆에서 오랫동안 머물 수 있을 것만 같은 꿈에 잠기기도 하였다. 동리에게 별은 그윽한 슬픔이요, 끝 모를 암흑 같은 두려움이 사라지고 찬란한 빛이 시작되는 곳이었다. 동리는 사람이 죽고 나면 어떻게 되는지 너무도 궁금해서 견딜 수가 없었다. 그래서 세상일에 대해 모르는 게 없는 큰형님을 찾아가 물어 보기로 했다.

큰형님 범부(凡夫) 선생은 당대 우리나라 최고의 한학자인 동시에 널리 알려진 유학자 김정설(金鼎卨)이었다. 어릴 때부터 동네에서 신동이라고 불린 큰형은 열두 살 어린 나이에 이미 사서삼경(四書三經)을 읽고 한학에 능통하여, 당시 경주에서는 그를 가르칠 선생을 찾기 힘들다고 했을 정도였다. 형님은 어머니의 총명을 그대로 빼어 닮았다고 했다. 한 번도 제대로 된 교육을 받아보지 못한 어머니가 논어와 맹자를 죄다 줄줄 외우고 있었기 때문이다. 어머니는 부엌일이나 바느질을 하면서 큰형이 방에서 서책을 소리 내어 읽는 것을 귀동냥하여서 그 모든 것을 외웠다고 하니 그 비상한 기억력은 혀를 내두를 만 했다. 범부 선생은 전국 방방곡곡에서 그를 스승으로 따르는 자들이 찾아 몰려들 정도로 그의 학문은 높은 경지에

범부(凡夫) 김정설(金鼎卨, 1897~1966) 선생은 당대 우리나라 최고의 한학자인 동시에 널리 알려진 유학자로 동리의 큰형님이다.

이르러 있었다. 동리가 막 태어났을 때 일본으로 유학을 떠나 있던 큰형님은 동양철학뿐만 아니라 서양철학에도 박식한 인물이 되어 돌아왔다. 스물다섯 나이에 돌아온 범부 선생은 동국대학교 전신인 불교 중앙학림에서 강의를 시작했고, 1955년에는 경주 계림대학의 초대학장에 취임하기도 했다. 동서양의 모든 경전을 섭렵하고, 온갖 학문들의 경계를 쉬이 넘나드는 비범한 학자였던 그런 큰형님이 동리는 마치 도 통한 도사처럼 여겨졌다.

"형님, 사람이 죽으면 그 담엔 어떻게 되는깁니꺼?"

"……."

큰형은 막내 동생의 뜬금없는 질문을 듣고는 금방 대답을 하지 않고 뭔가를 생각하고 있는 듯 했다. 기다리다 못해 동리는 대답을 재촉했다.

"사람이 죽으면 별이 된다카는데, 그라믄 밤마다 별이 자꾸 많아지겠네예."

큰형님은 빙긋이 웃으며 비로소 입을 열었다

"창봉이 니도 철학 공부 하고 싶나?"

큰형님의 말을 들은 그 순간 동리는 가슴이 와들와들 떨렸다. '철학'이 뭔지도 모르면서 그것이 장차 자신의 천직이 될 것이라고 생각했다. 큰형님은 천재고 도사이기 때문에 무엇이든지 꿰뚫어보는 능력이 있고, 큰형님이 어떻게 된다고 하면

반드시 그리 될 것이라고 믿었기 때문이었다. 철학이라는 것은 막연하나마 큰형님처럼 책 읽고 글 쓰고 사람들에게 존경받는 그런 일일 거라고 동리는 생각했다. 그의 마음에 한 줄기 환한 빛이 비쳐 들고 있었다.

한 동안 부산의 저잣거리를 하릴없이 쏘다니며 학교도 다니지 못하게 된 자신의 처지를 크게 안타까워했지만 동리는 큰형님의 말에 힘입어 골방에 쌓인 책들을 가리지 않고 탐독하기 시작했다. 한 때 큰형님은 작은 전문서점을 하나 운영한 일도 있었는데 사오 백 권이 넘게 쌓인 그 책들은 대부분이 철학과 사회과학, 그리고 문학 서적들이었다. 그 골방에서 얻은 지식은 학교에서는 도저히 배울 수 없는 것들이었다. 그 곳은 동리가 문학에의 꿈을 키우며 시를 쓰고, 소설을 쓰기 시작한 둥지였던 것이다. 동리는 골방에서 쓴 자작시 한 편을 큰형님에게 보여주었다. 별 이야기를 담은 「은하」라는 제목의 시였다.

나는 날마다 조금씩 하늘로 올라간다
나의 입김
나의 울음
나의 목소리
나의 모든 것이
나에게서 떠난다

하늘로 간다
같은 빛깔
같은 소리
같은 냄새로
하늘서 만난다
만나서 엉기며
엉겨서 흐른다
길게 길게 흐른다

어느 개인 가을밤
하늘 한가운데로
길게 길게 비껴 누운 그것은
나
은하가 흐른다

큰형님은 시를 한참 들여다보더니 동리에게 말했다.

"니는 철학보다 문학 쪽이대이."

그렇게 말하고는, 동리에게 남자가 스무 살이 되면 이름 외에 자(字)를 써야 하는 법이라고 하며 시종(始鍾)이라는 호를 지어주었다. 창봉, 창귀에 이어 세 번째로 얻은 이름인 셈이다. 동리는 뛸 듯이 기뻤다. 그렇지 않아도 철학보다는 문학 쪽에 마음이 더 쏠리는 걸 어쩌지 못하고 있던 차에 자신의 문학적 재능을 알아봐 준 큰형님의 말에 크게 용기를 얻게 되었던 것이다. 동리는 그때부터 마음 놓고 세계 문학 전집을 탐독해 들어갔고 조금씩 습작을 하기 시작했다.

동리의 인생에 지대한 영향을 미쳤던 큰형님 범부(凡夫) 선생은 타고난 재능이 그토록 뛰어난 인물이었으나 시대를 잘못 만나 그 재능을 제대로 꽃피우지 못한 비운의 천재였다. 조국이 일제 치하 식민지 통치 아래 있었던 탓에 수차례에 걸쳐 일본 경찰에게 강제 연행을 당하고, 무고한 죄를 뒤집어쓰고 감옥에 끌려가기도 했다. 큰형님이 변을 당할 때마다 동리는 가슴 병이 생길 정도로 괴로워했다.

동리는 큰형님 범부 선생이 손수 책을 집필할 시간적 여유를 가지지 못한 것을 무척 아쉬워했다. 일본 경찰들에게 번번이 쫓겨 다니고 부당하게 감옥살이를 했던 탓이었다. 나중에 범부 선생에게서 강의를 들은 제자들이 그 강의를 토대로 집필한 『화랑외사』와 『범부유고』, 『풍류정신』 등의 책을 출간해 범부 선생의 뜻을 후세에 알린 것은 다행스런 일이었다.

범부 선생은 일제의 식민 통치에 만신창이가 된 조국의 처절한 고통을 제일 일선에서 온 몸으로 짊어지신 분이다. 그런 현실을 그는 강인한 정신력 하나로 저항하며 버텨내고자 몸부린 친 것이다. 시인 서정주는 그의 죽음을 추모하는 조시(弔詩)에서 '천년에 하나 나올까 말까 하는 천재'라고 칭송하며 '하늘 밑에서 제일 밝던 사람'이라고 노래했다. 그를 잃은 조국 산천도 땅을 치며 통탄했던 것이다.

6 작가 등단

내가 문학을 뜻하게 된 연유도 이 고독과 설움에 있었는지 모른다.
그 무렵 우리 집에서는 나에게 의사되기를 바랐지만,
나는 자기 자신을 울기에도 부족하여 남을 살필 여지가 없었던 것이다.

「나를 찾아서」 중에서

동리는 몇 년 동안 고향에 틀어박혀 소설 두 편, 희곡 한 편, 시조 두 편, 민요 한 편, 동요 한 편 등 거의 열 편에 가까운 작품을 신들린 듯 써내려갔다. 그리고 1933년 늦가을에 당시 3대 신문으로 손꼽히던 〈동아일보〉, 〈조선일보〉, 〈조선중앙일보〉의 신춘문예에 응모했다. 그때까지만 해도 신문사의 신춘문예에 당선되는 것이 작가로 등단할 수 있는 유일한 통로였다. 그렇게 많이 써서 보낸 이유는 자신의 작품이 상당히 수준 높은 작품들이기 때문에 모두 당선이 될 것으로 예상했고, 상금에 대한 욕심도 없지 않았기 때문이었다. 그러나 예상은 빗나가고 말았다.

이듬 해 신년 초에 그의 시 「백로」 한 편만이 〈조선일보〉에 입선되고, 다른 작품들은 모두 낙방이었다. 동리는 믿을 수가 없었다. 문학이나 철학에 관한한 그 누구와 논쟁을 해도 뒤지지 않을 거라는 오기와 자존심에 커다란 상처를 입은 것이다. 하지만 곧 자신이 아직은 작가가 되기엔 많이 부족하다는 사실을 인정하지 않을 수 없었다. 동리의 작품이 예선에서 탈락한 이유는 작품의 질적인 면보다는 형식적인 부분에 오류가 많았던 데 원인이 있었다. 맞춤법, 띄어쓰기, 표준어의 규칙을 제대로 지키지 않고 지나치게 사투리를 많이 사용한 탓이었다. 동리는 작가로서의 첫 관문 앞에서 많이 좌절했지만, 거기서 펜을 꺾진 않았다. 그 해 가을에 있을 신춘문예에 응모하기 위해 작품의 소재를 찾고 글 실력을 연마하기 시작했다.

1935년 1월 〈조선중앙일보〉 신문에 김동리의 소설 「화랑의 후예」가 신춘문예에 당선되었다는 기사가 실렸다. 동리는 뛸 듯이 기뻤다. 그토록 소원했던 작가로 당당히 문단에 등단하

25세 전후 동리의 문단 등단 시절

게 된 것이다. 언제 끝날지 모르는 무명작가의 암울한 시간은 끝나고, 이제 세상의 모든 사람이 인정해 주는 작가라는 명칭을 얻게 된 것이다.

가족들과 친구들, 그리고 많은 지인들이 신춘문예 당선을 크게 축하해 주었다. 특히 시를 쓰는 박목월이 그를 찾아와 당선을 자기 일같이 기뻐해 주며 함께 축배를 들었다. 목월은 계성학교 2년 후배로 그때까지 등단을 하지 못한 상태였지만, 동향의 선배요 친구이기도 한 동리가 신춘문예에 당선된 걸 무척 자랑스러워했다. 동향인 중에 같이 신춘문예 콩트 부분에 당선된 김석수(金石銖)라는 인물도 있었다. 동리는 목월과 함께 그를 찾아가 당선을 크게 축하해 주었다.

동리는 큰형님이 서울 사직동으로 이사했다는 소식을 듣고 서울로 올라갔다. 작가의 꿈을 실현하기 위해서는 서울에 머무는 것이 낫다고 판단했기 때문이었다. 큰형님의 거처에서 그리 멀지 않은 곳에 위치한 선학원 부속 한약방에 숙소를 마련했다. 그 무렵 큰형님의 지인인 장연송 씨를 만나게 되었고, 그로부터 자기 또래의 청년 한 사람을 소개받았다. 그가 바로 한국 시 문단에서 그 이름이 오래도록 기억될 미당 서정주였다.

서정주는 「벽」이라는 제목의 시로 동아일보에 등단했으니 동리보다는 한 해 늦게 문단에 등단한 작가였다. 동리는 미당과 몇 마디 정도 얘기를 나누고 나자 직감적으로 이 사람이야말로 자신이 그토록 만나고 싶었던 문학청년이라는 생각이 들었다. 첫 만남에서부터 그들은 서로 말이 잘 통했다. 동리와 미당은 선술집에서 만나서도 문학 얘기를 하느라고 시간 가는 줄을 몰랐다. 보들레르, 랭보, 도스토옙스키, 이태백, 도연명 등 동서고금의 문호들의 이야기를 안주 삼아 술을 마시며 같이 밤을 새운 적이 하루 이틀이 아니었다. 그들은 상대방의 세계 문학에 대한 해박한 지식에 감탄하며 서로에 대한 존경심으로 우정을 다지게 되었다.

그러던 어느 날 미당은 아무 말도 없이 서울에서 자취를 감추어버렸다. 그리고 며칠 후에 그로부터 번잡한 속세를 떠나 참선에 몰두하기 위해 금강산 선방을 찾아갔다는 내용의 엽서 한 장이 날아왔다. 그 당시 참선을 하러 절을 찾아간다는 말은 머리를 깎고 중이 된다는 말과 같은 뜻이었다. 동리도 평소에 선(禪)에 관심이 많아 머리를 깎고 산으로 들어가는 걸 고민하던 중에 미당이 먼저 그런 용기를 내는 걸 보고 무척 놀랐다. 그러나 미당의 일은 해프닝으로 끝났다. 그는 스무 날 만에 머리카락 한 올도 깎지 않은 채 서울에 나타났던 것이다.

사실 동리야 말로 참선 수행을 벼르고 있던 터였다. 그는 신춘문예 당선 상금으로 받은 50원을 노자로 삼아 길을 떠나기로 결심했다. 제일 먼저 찾아간 곳은 마침 큰형님이 강의를 하며 머물고 있는 경남 사천군에 있는 다솔사였다. 다솔사 경내의 방 한 칸을 빌어서 그곳에서 겨울과 봄을 보내고, 6월경에 해인사로 숙소를 옮겼다. 해인사에서는 절 경내가 아닌 절 가까이에 있는 토굴 방을 빌렸다. 이곳에서의 '토굴'은 흙으로 지은 굴을 가리키는 말이 아니고, 승려가 결혼해서 가정을 이루고 사는 곳을 일컫는 말이었다. 한 마디로 대처승들의 가정집을 토굴이라고 불렀던 것이다. 한 때 동리는 머리를 깎고 참선을 할 작정으로 해인사의 용봉 선사를 찾아간 적이 있었지만, 수행을 위한 기본 테스트에서 탈락하고 말았다. 참선을 하려면 가부좌를 하고 정좌를 해야 하는데 동리는 가부좌를 하고 오래 앉아 있지를 못했던 것이다. 그러나 거사계(居士戒)를 받지 못한 진짜 이유는 살생과 금욕의 계율을 지키는 데 자신이 없었기 때문이었다.

동리는 해인사에서 지내면서 신문사 신춘문예에 한 번 더 도전해 볼 결심을 굳혔다. 소설 「화랑의 후예」가 당선되어 이미 등단한 작가가 되긴 했지만, 그것만으로는 부족한 것 같았다. 좀 더 자신의 문학적 개성을 강하게 드러낼 수 있는 작품을 창작하여 다시 한 번 권위 있는 신문사로부터 실력을 검증받고 싶은 욕심도 있었고, 신문마다 응모해서 모든 관문을 호기롭게 하나씩 다 정복해 보는 것도 의미 있는 시도가 될 것 같았다. 이미 〈조선일보〉에 시 「백로」가 입선된 적이 있고, 소설 「화랑의 후예」가 당선된 신문은 〈조선중앙일보〉였기 때문에, 이번에는 〈동아일보〉에 응모하기로 했다. 투고할 작품의 제목은 「산화(山火)」였다. 그는 이 작품을 응모하면서 김동리라는 이름을 처음 사용하였다.

1936년 1월, 김동리의 소설 「산화」는 〈동아일보〉 신춘문예에 당당히 당선되었다. 이로써 그는 당시의 우리나라 3대 민간 신문의 신춘문예에 모두 당선되었는데, 이는 지난 반세기 한국문단 역사에서 전무후무한 기록으로 남게 되었다. 동리는 자신의 당선 소식이 실린 신문을 받아보고 한 번 더 놀랐다. 바로 그와 절친한 벗인 미당의 시 「벽」이 신춘문예로 당선된 것도 바로 같은 신문임을 확인했기 때문이었다. 그의 기쁨은 새로 등단한 시인 미당 서정주로 인해 두 배로 커졌다.

다솔사와 해인사의 스님들에게서 얻어 들은 이야기와 그 곳에서 겪었던 여러 가지 체험들을 통해 동리는 창작에 많은 영감을 얻었다. 동리의 소설 중에 이미 잘 알려진 「등신불」은 그가 이곳에서 소재를 얻게 된 대표적인 작품 중의 하나였다.

해인사에 머물고 있던 어느 날, 다솔사에서 급히 그를 찾는다는 전갈이 왔다. 서둘러 그곳으로 달려가 보니 만해 한용운

만해 한용운(1879-1944)은 동리의 문학에 많은 영향을 끼쳤다.

선생과 다솔사 주지스님인 금봉 최범술 선생, 그리고 큰형님 범부 선생이 둘러앉아 차를 마시며 담소를 나누고 있었다. 시 「님의 침묵」으로 잘 알려진 만해 한용운 선생을 이렇게 가까이 뵙게 되는 것은 처음 있는 일이었다.

만해 선생이 장광설을 늘어놓고 있는 중이었다.

"범부, 중국 고승전(高僧傳)에서는 소신공양(燒身供養)이니 분신공양(焚身供養)이니 하는 기록이 가끔 나오는데, 우리나라에서는 별로 눈에 띄지 않지요?"

"글쎄요. 형님이 못 보셨다면야……."

큰형님 범부 선생이 대답하였다.

두 분의 얘기를 듣고 있던 동리는 만해 선생의 말이 잘 이해가 안 되는 데가 있어서 불쑥 질문을 던졌다.

"말씀 중에 정말 죄송합니다만, 소신공양이 대체 무엇인지요?"

동리의 무지를 깨쳐주려는 듯 주지스님이 대답을 해 주었다.

"옛날 수좌수들이 참선을 해도 뜻대로 도통(道通)이 안 되고 하니까 자기 몸을 스스로 불태워 부처님께 제물로 받쳤던 적이 있다네. 성불(成佛)하려고 말이다."

그 말을 듣고 동리는 깜짝 놀라서 물었다.

"그럼, 불 속에 직접 뛰어듭니까?"

"그렇게 하믄 공양(供養)이 제대로 안 되지."

주지스님의 대답이었다. 동리는 궁금증이 더 크게 일었다.

"그럼 대체 어떻게 한단 말입니까?"

"부처님을 향해 합장하고 앉아야지. 그리고 머리 위에 불덩어리가 든 화로를 덮어쓰는거지."

"뭐라고요?"

순간 동리는 말문이 탁, 막혀 버렸다. 벌겋게 단 화로를 머리에 뒤집어 쓴다고 생각하자 온 몸에 소름이 쫙 끼쳤다. 어떻게 그렇게 뜨거운 것을 머리에 올려놓고 견딘단 말인가? 어떻게 그렇게 하고 부처님을 향해 두 손 합장하고 가만히 앉아 있을 수 있단 말인가……. 동리는 아래턱이 덜덜덜 떨리고 온 몸에 갑자기 냉기가 스민 듯 으스스 해졌다. 더 이상 그 자리에 앉아 있을 수가 없어서 밖으로 나오고 말았다.

소신공양에 대한 이야기는 그에게 너무나 충격적이어서 쉽게 잊혀지지 않았다. 그날 들은 이야기와 그 자리에서 자신이 받았던 충격적이고 강렬한 인상을 동리는 노트에 메모해 두었다. 그 당시에는 차마 그 끔찍한 이야기를 소설로 쓸 엄두가 나지 않았던 것이다. 그 날로부터 20여 년의 세월이 흐른 후에서야, 동리는 작품 소재 노트에서 소신공양이라는 말을 발견하고 단편 소설 한 편을 구상하게 되었다. 「등신불」(1963)은 그렇게 해서 세상에 태어났다.

7 어느 겨울날의 사랑

너와의 사랑을 지키기 위하여 나는
오늘도 술 한 잔을 덜 마신다, 순아
백 촉 전등이 어둡기만 한 방 안에
신문지와 책자들이 어지러이 흩어져 있고
섣달 검은 창 밖에 함박눈이 내리는데
만년필을 뽑아 들고 책상 앞에 앉아도
원고지를 메우는 것은
너의 검은 두 눈동자뿐이로구나.

「연가」 중에서

유난히도 추었던 겨울, 동리는 고향에서 방학을 보내기 위해 경주로 내려가는 기차에 몸을 실었다. 그 당시에는 증기 기관차였기 때문에 서울에서 경주까지 내려오는 데는 거의 20시간 정도가 걸렸다. 하루 종일을 달려야 목적지에 닿는 기차는 심하게 흔들릴 때도 많았고, 좌석도 딱딱한 나무 재질이라 매우 힘든 여정이었다. 그 날도 동리는 따분한 시간을 독서로 잊기 위해 두꺼운 책 몇 권을 가방에 넣고 기차를 탔다. 새벽에 탄 기차는 서울을 떠나 거의 해질 무렵이 되어서야 대구에 도착했다. 몇 번이나 곯아 떨어져서 졸던 동리는 경주에서 멀지 않은 대구역에 도착한 것이 기뻐 차창을 통해 바깥을 내다보았다.

그 때, 승차를 기다리던 한 여학생이 동리의 눈길을 끌었다. 그녀는 머리를 예쁘게 땋아 짙은 자줏빛 리본을 달고, 검은 구두에 교복을 단정하게 차려 입고 있었다. 날씬한 몸매에 하얀 얼굴이 순진해 보이면서도 고귀한 기품이 느껴져, 한 눈에 보아도 좋은 가문에서 귀하게 자란 아가씨라는 것을 알 수 있었다. 그녀는 기차에 올라오더니 마침 동리와 가까운 곳에 자리를 잡았다. 가끔 고개를 들어 차창 밖으로 시선을 돌릴 때 우수를 띠고 아득히 먼 곳을 바라보는 모습은 황홀하도록 고왔다. 짙은 속눈썹을 한 크고 아름다운 눈망울을 멀리서 곁눈질해서 보는 동리의 가슴은 두근거리기 시작했다.

여학생은 세상사에 아무런 관심이 없다는 듯 기차가 달리는 내내 책을 읽고 있었다. 동리는 복도를 통해 밖으로 나가는 척하며 여학생의 옆을 지나쳤다. 그녀가 읽고 있는 책은 당시에 유행하던 춘원 이광수의 「무정」인 듯 했다. 눈길이 자꾸만 그쪽을 향했다. 어느 학교에 다니는 여학생일까? 기차를 타고 어디까지 가는 것일까? 그녀의 앞자리가 비어있어 가까이에 가서 말이라도 걸어보고 싶었지만 용기가 나지 않았다. 혹시 고향이 경주인 건 아닐까?

동리는 직감적으로 그 여학생이 동향인일거라고 생각했다. 아니나 다를까 경주역이 가까워지자 그녀는 내릴 준비를 했다. 기차가 경주역에 도착했고, 동리는 먼발치에서 여학생을 따라 함께 기차에서 내렸다. 동리가 그 여학생의 모습을 놓치지 않으려고 바삐 서둘러가고 있을 때 누군가 뒤에서 그의 이름을 불렀다.

"너 창봉이 아니냐? 정말 오래간만이구나."

그는 보성고보를 다니는 동향 친구였다. 동리는 친구의 인사에 건성으로 답하고 눈길은 계속해서 그녀의 뒷모습을 쫓고 있었다. 그녀에게 가족으로 보이는 한 사람이 다가와 반갑게 맞으며 가방을 받아 들었다.

"너 지금 뭘 그리 유심히 보냐?"

경주역은 동리에게 언제나 기다림이었다.

"어, 그게 말야. 저, 저기 교복 입은 여학생 있잖아……."

"대체 누굴 보고 그러냐? 혹시 저기 한 선생하고 같이 있는 여학생 말이냐?"

"한 선생이라고?"

"그래, 저기 비듯거리 한 부잣집 큰 아드님 말야. 우리 아버지하고 친한 분이라서 내가 잘 안다. 막내 여동생을 마중하러 나오신 모양이네."

"아, 그렇구나. 경주에서 내로라는 명문세가 그 한 부잣집……."

"왜 혹시 저 여학생이 네 마음에 든 게냐?"

"뭐, 그렇다기보다… 그냥 같은 기차를 타고 와서… 그냥 좀 궁금했을 뿐……."

"그래? 하하… 한 부잣집 막내 따님 이름이 아마 한정옥 일거야. 올해 진명여고에 입학해서 다니고 있지."

"진명여고 1학년 한정옥이라……."

그 해 겨울 내내 동리의 가슴은 한정옥으로 말미암아 불타고 있었다. 참으로 이상한 일이었다. 마음속에 한 여인을 품으니 가슴은 더 허전해지고 아려왔다. 경주에서 가장 명망 있고 지체 높은 집안들 중 몇 손가락 안에 꼽히는 한 부잣집의 딸을 사모하게 된 이 가난한 청년은 짝사랑의 열병을 앓아야 했다. 하릴없이 비듯거리를 서성이며 행여나 그녀의 모습을 먼발치에서라도 한 번 볼 수 있을까 가슴 조이는 날이 많았다. 하지만 그녀는 결코 손에 닿지 않는 높은 가지에 핀 아름다운 꽃일 뿐이었다. 그녀를 다시 만나지도 못한 채 그 해 겨울 방학은 끝이 나고 있었다.

몇 년 후 다시 고향 경주로 돌아 온 동리는 그 사이 이미 신춘문예에 당선되었고, 전국적으로 어느 정도 이름이 알려진 작가가 되어 있었다. 고향에는 박목월이 기다리고 있었다. 목월은 동리보다 몇 년 늦은 1939년 〈문장〉지에 시 「길처럼」, 「산그늘」 등을 발표하여 정지용의 추천으로 문단에 등단했다. 당시 경주 금융조합에서 근무하고 있던 목월은 직장 동료라고 하면서 한정식이라는 사람을 소개시켜 주었다. 나중에 안 사실이지만 한정식은 한정옥의 사촌 오빠였다. 두 사람이 얘기를 하는 가운데 한정옥이 문학에 상당히 조예가 깊다는 얘기를 꺼냈다. 목월이 먼저 얘기를 시작했다.

"정옥 양이 중심이 되어 모이는 〈백장미 클럽〉이라는 문학 모임이 있다네. 우리 둘도 몇 번 그 모임에 초대되어 간 적이 있지."

동리는 고귀한 기품을 갖춘 그녀에게 잘 어울리는 이름의 모임이라는 생각이 들었다.

"〈백장미 클럽〉이라고? 멋진 이름인걸."

동리목월문학관에 재현된 동리의 서재

그 말을 들은 한정식이 나섰다.

"정말이요, 김형? 그렇지 않아도 저쪽에서도 김형에 대해서 잘 알고 있던데, 내가 한번 다리를 놓아보리다. 굉장히 우러러 보는 눈치입디다."

동리는 흥분을 감추려고 애를 쓰며, 기억을 더듬었다.

"사실 나도 한정옥 양을 예전에 경주역에서 본 일이 있지요. 검자줏빛 짧은 댕기를 드리우고, 검은 구두를 신었었지. 대구서 탔었던 것 같애. 나도 겨울 방학 때가 돼서 서울서 내려오는 길이었으니 말이야."

"아니, 김형! 어찌 그리도 또렷하게 기억하고 있는가? 혹시 첫 눈에 반하기라도 한건가?"

목월이 반색을 하며 농을 던지자 동리의 얼굴이 시뻘겋게 달아올랐다. 어쩔 수 없이 한정옥에 대한 자신의 마음을 두 사람에게 낱낱이 고백할 수밖에 없었다. 육년 전 한정옥을 처음 기차에서 보고 정신을 빼앗긴 이야기를 들은 두 사람은 동리의 그 순진함과 순수함에 우스워죽겠다는 듯 배꼽을 잡았다. 한참을 웃다가 목월이 아주 기발한 제안을 했다.

"한 양은 지금도 그 때와 다름없이 그대로일세. 우선 김형이 연애편지를 쓰시게. 그러면 우리가 그걸 전해 드리지. 모르긴 하지만 틀림없이 잘 될거야."

한정식도 맞장구를 치며 거들었다.

“김형, 기회를 놓치면 안 됩니다. 내가 보기에도 지금이 가장 좋은 때가 아닌가 싶습니다. 집에 돌아가거든 꼭 편지를 써서 나오세요. 뒷감당은 우리가 할 테니까 안심하시고…….”

“그렇지만 편지를 쓴다는 것이 쑥스럽고 해서…….”

동리는 얼굴을 붉히며 억지로 웃음을 지어 보였다. 집으로 돌아온 동리는 한참 동안을 망설이며 편지를 쓸 것인지 말 것인지에 대해 고민을 했다. 편지를 쓴다고 한들 한정옥 같은 여성이 자신의 마음을 받아들여줄 것 같진 않았다. 경주에서 내로라하는 양가댁 규수인데다 뛰어난 미모에 지성까지 고루 겸비한 여성이 아닌가? 동리 자신은 중학 4년 중퇴를 한데다, 집안의 가세가 기울고 난 뒤부터는 밥이나 굶지 않을 정도로 연명하는 처지였고, 또한 외모는 작은 키에 볼품이 없고, 비록 이름이 신문에 좀 난 작가라 하지만 아직 무직자나 다름없는 상태였다.

하지만 동리는 처음 그녀를 보았을 때의 기억을 잊을 수가 없었다. 그녀를 그리워하며 지새운 수많은 밤을 생각하니 거절당하는 일이 있더라도 이번에는 자신의 마음을 전해보고 싶었다. 더욱이 그녀의 사촌 오빠까지 든든한 지원군으로 나섰으니 이는 분명 다시없는 기회라고 생각했다. 결국 밤새워 쓴 연애편지를 약속대로 목월에게 부탁을 했다.

편지가 그녀에게 전달되었다는 사실을 확인하고 난 후부터는 하루하루가 초조한 기다림 속에서 흘러갔다. 그러나 하루, 이틀, 삼일, 일주일, 그리고 한 달이 지나도 그녀에게서 답장은 오지 않았다. 목월과 한정식은 아마 곧 답장이 올 테니 조금만 더 기다려보라고 위로의 말을 했다. 기다리던 동리는 절망했다. 결국 답장이 오지 않았을 뿐 아니라 나중에 기차에서 그녀와 여러 번 마주쳤음에도 아무런 반응이 없었기 때문이었다. 동리는 목월과 한정식을 보는 것이 민망스러워졌다. 무엇보다 같은 동네에 사는 그녀와 행여 다시 마주칠까 두려웠다.

사춘기 시절의 많은 밤들을 뜬 눈으로 지새우게 했던 짝사랑의 여인은 또 한 번 나이든 청년의 가슴에 실연이라는 아픈 비수를 꽂은 것이었다. 인연이 될 수 없는 여인을 진작 포기하지 못하고 마음에 품었던 자신이 너무도 원망스럽고 미웠다. 동리는 실연의 아픔을 견디지 못하고 며칠 후 소리 소문도 없이 경주를 떠났다. 세월이 흐른 후에 동리는 바람이 전해 준 그녀의 근황을 전해들을 수 있었다. 한정옥은 동리가 경주를 떠난 다음 해에 고등고시에 합격한 어떤 청년과 결혼해서 두 딸을 낳고 잘 산다는 얘기였다.

8 천길 하늘 위에서 우느니

어이한 새 한 마리냐 너는,

지금도 천길 하늘 위에서 우느니

「나를 찾아서」 중에서

동리는 다솔사에서 겨울을 나고, 이듬해 봄에는 그곳에서 십 리 정도 떨어진 원전이라는 곳으로 나갔다. 원전에는 다솔사에서 몇 해 전에 포교당(布敎堂)으로 사용하려고 지은 가옥 한 채가 빈 채로 있었다. 다솔사의 주지였던 효당 최범술은 이곳에 사설학습 강습소를 내어 글을 배우지 못한 동네 어린이들과 젊은이들을 위해 무료 강습을 하기로 하고, 학교 이름은

'광명학원(光明學院)'이라 지었다. 배움을 통해 지혜의 밝은 빛을 얻는다는 뜻이었다. 그리고 동리를 교사로 초빙한 것이다. 이곳에는 한용운, 허백련과 같은 명사들을 위시해서 유명무명의 지사(志士)와 처사(處士)들이 늘 모여들곤 하였다. 그것은 효당 최범술이 이들에게 은거처를 제공했기 때문이었다.

광명학원 개원에 대한 소식은 곧 마을에 퍼져 사람들이 들끓기 시작했고, 얼마 지나지 않아 학생들이 거의 백 명을 넘게 되었다. 낮에는 어린 아이들이, 밤에는 주로 스무 살 남짓한 동네 젊은이들과 머슴들이 학원에서 수업을 받았는데, 그 중에는 간혹 처녀들도 끼어 있었다. 이들은 동리의 열성적인 강의에 힘입어 빠른 속도로 글을 깨우쳤다. 학원을 개원하고 2년 정도가 지나자 동네 안의 모든 남녀 젊은이들이 편지를 쓰고, 숫자로 계산을 척척해 내는 놀라운 성과를 거두게 되었다.

학원에서 가까운 원전 마을을 지나던 어느 날, 동리는 한 얌전하고 차분한 몸매를 가진 처녀가 언뜻 마당을 지나쳐 안채로 들어가는 것을 보았다. 학원으로 돌아오면서 동리는 내내 얼이 빠진 사람처럼 멍해져 있었다. 그를 알아본 마을 사람들이 동리에게 인사를 해도 건성으로 고개를 끄덕일 뿐이었다. 학원까지 어떻게 왔는지 기억이 나지 않을 정도였다. 교사 처마 밑에 걸터앉아 한참이나 먼 데를 바라보고 나서야 정신을

다솔사의 적멸보궁.
만해 한용운, 효당 최범술, 범부 김정설 등과 함께
동리가 정신적 수련을 한 곳이다.

차렸다. 나중에 알게 된 사실이지만, 그 처녀는 원전 마을의 김씨 댁 큰딸로서 가까운 학교에서 근무하고 있는 여교사라는 것이었다. 마음을 빼앗겼다는 것이 이런 것일까? 그녀에 대한 사모하는 마음을 키워가는 1년 여 동안 동리는 아무 것도 손에 잡히지 않았다. 펜을 들어 그 심정을 미당 서정주 시인에게 털어 놓기도 했다. 결국 큰형님 범부 선생에게 그 여교사에 대한 문제를 의논했다. 범부 선생은 그녀가 가르친다는 학교를 친히 찾아가 먼발치에서 그녀의 뒷모습을 지켜보고는 이렇게 말했다.

"걸음걸이가 참으로 얌전한 규수더구나. 혼사를 진행해 보거라."

그렇게 해서 동리와 김월계 여사 사이에 혼담이 오가기 시작했고, 두 사람은 만난 지 1년만인 1938년 11월에 혼인을 했다. 혼례는 그녀의 뜻에 따라 천주교 식으로 치렀다. 큰형님 범부 선생은 결혼식 날에야 겨우 신부의 얼굴을 보게 되었다.

결혼은 동리에게 마음의 안정과 행복을 선사해 주었다. 동리는 아내를 무척이나 아끼고 사랑했고, 두 사람은 다정한 잉꼬부부로 마을에 소문이 났다. 신혼 첫 1년간은 부인 김월계 여사가 함양소학교 선생을 계속하면서 주말 부부로 지냈다. 그러다 첫 아이 진홍을 낳게 되면서 교사직을 그만 두고, 광명

김월계 여사와의 결혼은 동리에게 마음의 안정과 행복을 선사해주었다.

학원에서 동리와 함께 아이들을 가르쳤다.

광명학원은 나날이 번성해 갔다. 동리는 매달 보름날 마다 '모자회(母子會)'라는 일종의 학예회 같은 것을 열었다. 이 날은 마을 사람들이 광명학원 마당에 모여들었고, 아이들은 연단에 올라 평소에 연습한 노래를 부르고, 연설을 하고, 연극을 했다. 휘영청 밝은 보름달이 조명을 대신해 주어 연극을 보는 데는 안성맞춤이었다. 모자회가 거듭 될수록 구경꾼들도 많이 모여들었다. 아이들의 학예 발표회 외에도, 동리는 자신이 준비한 어른들을 위한 상식 강좌를 열기도 했다. 워낙 구경거리도 없고 바깥세상 소식도 전해 듣기 힘든 벽지였기 때문에, 동리가 연 강좌는 나이든 어르신들과 청·장년들, 아낙네들에게도 몹시 값지고 유익한 배움의 기회가 되었다. 이 모자회가 다른 마을에도 알려지기 시작하자, 면 소재지에서 초등학교를 다니던 아이들의 학부형들까지 이곳을 기웃거렸다. 결국 학교보다는 광명학원에 아이들을 보내고자 하는 이들이 속출하기 시작했다.

그러나 광명학원이 세상에 알려지고 세인의 관심이 집중되자 일이 꼬이기 시작했다. 일제의 감시의 손길이 뻗쳐지기 시작했고, 그 손길은 어두운 비운의 그림자를 몰고 왔다. 일본인 교육 직원이 광명학원을 간이학교로 승격시키겠다고 통보해 왔던 것이다. 이 말은 광명학원을 폐쇄하고 일본식 교육을 시킬 교육기관으로 완전히 개편하겠다는 말이기도 했다. 물론 일본인들의 눈에 가시 같았던 동리는 더 이상 그 학교에 교사로 남아 있을 수 없었다. 그렇게 해서 1937년 4월에 개원한 광명학원은 동리의 나이 스물아홉이 되던 1941년 6월에 문을 닫고 말았다.

광명학원의 폐쇄로 인해 심각한 정신적 충격에 휩싸여 있었던 동리에게 또 다른 비보가 전해졌다. 동리가 학원을 운영하면서 틈틈이 작품을 구상하여 발표했던 소설 「하현」과 「소녀」, 「두꺼비」 등이 연이어 조선 총독부의 검열에 걸렸다는 소식이었다. 그리고 종국에는 우리말 신문과 잡지 등이 모두 폐간되는 일이 벌어지고 말았다. 순수 문예지인 〈문장〉지의 폐간호를 받아들었을 때 동리는 절망하고 말았다. 참으로 암담한 심정일 뿐이었다. 결국 절망과 분노를 안은 채 동리는 절필(絶筆)을 선언하고 8·15 해방까지 침묵을 지켰다.

검열로 말미암아 작품이 출판 금지를 당하거나 작품을 발표할 잡지나 신문, 문예지가 없다는 것은 작가에게 있어서 철창 없는 감옥에 갇혀 있는 것이나 마찬가지였다. 그런 시대를 작가로 살아가야 했던 동리는 절망감에 빠져 제대로 먹지도 못할 정도로 심한 기침병에 걸렸다. 용한 한의사가 처방해 준 약을 달여 먹고 어느 정도 기운을 차릴 수 있었으나 정신적으로는 심한 충격을 견뎌내지 못한 채 방황하고 있었다. 동리는 속에서 들끓어 오르는 화를 참지 못해 평소에는 경계하고 업신여겨서 멀리 했던 동네 망나니 패들과 어울려 다니기 시작했다. 그들과 술과 노름을 일삼고 색주가를 찾아다니면서 거의 반년이라는 세월을 흘려 보냈다. 학원이 폐쇄되면서부터는 보수도 더 이상 받지 못했고, 신문 잡지들이 폐간되면서 원고료도 끊어져 먹고 사는 일마저 막막해졌다.

엎친 데 덮친다더니, 그에게는 감당할 수 없을 만큼 큰 아픔과 상처를 남긴 사건이 또 벌어졌다. 네 살 난 첫 아들 진홍이가 갑자기 열이 오르면서 경기를 하기 시작했던 것이다. 병원은커녕 약방도 제대로 없는 벽지였기에 동리는 약을 구하러 시오리나 떨어진 곤양이라는 곳까지 한걸음에 달려서 다녀왔다. 그래도 열은 조금도 내리지 않았다. 아이는 계속 울어댔고, 하룻밤에도 몇 번이나 까무러쳤다. 동네 아주머니들이 위급할 때 사용하기 위해 비장해 두었다가 내놓은 귀한 약들도 아무 소용이 없었다. 열이 들끓어 오르더니 급기야는 발작을 일으키기 시작했다. 이대로 뒀다가는 큰 일이 벌어질 것 같아 동리는 다시 아이를 끌어안고 사오십 리나 떨어진 사천으로 달려갔다. 사천 조카 집에 아이를 눕혀 놓고 의사에게 왕진을 부탁하러 사람을 보냈다.

한참 후에야 허겁지겁 대문을 열고 들어선 의사는 주사부터 놓았다. 그래도 열은 떨어지지 않고 아이는 불덩어리 같았다. 다음 날도 그 의사가 다시 왕진을 왔지만, 얼굴에 어두운 그림자를 거두지 못한 채 가버리고 말았다. 주변의 다른 사람들 얼굴에도 반신반의하는 빛이 역력히 드러났다. 아이의 신음소리도 잦아들고 있었다. 먹은 게 없어서인지 신음소리를 낼 기력도 없어 보였다.

"아가 일난다케도 한쪽은 못 쓰는 병신이 될끼라. 쯧쯧……."

동네 할머니의 말을 들었을 때, 동리는 이제는 더 이상 희망이 없구나 하는 생각이 왈칵 들었다. 동리의 눈에서는 뜨거운 눈물이 쏟아졌다. 여섯 살 소년이었던 그가 선이의 주검 앞에서 토해냈던 울음, 그리고 사랑했던 남순이 누나가 세상을 떠났다는 소식을 듣고 통곡했던 그 울음으로는 아직 부족하단 말인가? 진홍이가 아직 살아있던 그날 밤 동리는 밤새도록 눈을 감고 기도를 드렸다. 제발 진홍이를 살려달라고, 그렇게만 된다면 자신은 무엇이건 하겠다고 수백 번을 되뇌며 가슴 절절한 기도를 드렸다. 아이와 함께 했던 지난날들이 주마등처럼 눈앞을 스쳐갔다. 아이를 데리고 대나무 밭에 놀러 갔던 날, 진홍이에게 '메기의 추억'과 '산타루치아'를 가르쳐 주며 행복해했던 때가 떠올랐다. 그렇게 기다리던 생의 첫 아이였기에 진홍이는 자신의 목숨보다 귀한 자식이었다.

그러나 진홍이는 다음 날 싸늘하게 식은 채 아버지 동리의 품 안에서 죽어갔다. 동리는 감당할 수 없는 슬픔에 절규하며 울었다. 그토록 사랑했던 아들 진홍이를 조그만 관에 싣고 가사천의 어느 산기슭에다 묻고 돌아오던 날, 하늘에 덩그렇게 걸려있는 벙어리 같은 해마저 야속한 마음이 들었다.

일주일이나 지났을 즈음, 아들의 죽음으로 정신 나간 폐인처럼 방구석에 틀어박혀 있던 그의 뒤통수를 또 한 번 세차게 내리치는 소식이 있었다. 그 마을에 마흔 살 미만의 무직자를 대상으로 징용 영장 다섯 장이 파출소에 내려와 있다는 것이었다. 그것을 동리에게 미리 귀띔해 준 것은 평소 알고 지내던 윤 순경이었다. 윤 순경은 마흔 살 미만의 무직자란 바로 동리를 지목하는 말이라는 것도 잊지 않고 전해주었다.

강제 징용은 곧 죽음으로 가는 길이나 다를 바 없었다. 첫 아이의 죽음에 절망하여 극도로 심신이 쇠약해져 있는데다 큰 형님 범부 선생마저 어디로 끌려갔는지 모르는 판국이었다. 동리는 두려웠다. 죽음도 두려웠고, 집안이 몰락하게 될 일도 두려웠고, 희망을 잃게 된 사실도 두려웠다. 동리는 야밤을 틈타 마을을 빠져 나왔다. 당시 하동군 화개면 쌍계사 근처에 살고 있던 문학청년 김종택을 찾아가 그의 처소에 몸을 숨겼다. 김종택은 양조장 뒤에 있던 살림집을 내주고 극진히 보살펴

위기를 모면하게 해 주었다. 그는 사람을 시켜 동리 가족들의 안부를 알아봐 주었고, 큰형님 범부 선생이 무사히 석방되었다는 소식을 들을 수 있었던 것도 그의 덕이었다. 그 소식을 듣고서야 안심을 하고 동리는 큰형님을 찾아갔다. 큰형님의 도움으로 사천군에 일자리를 얻게 되었다. 양곡조합의 서기 자리였다. 덕택에 동리는 징용을 면할 수 있게 되었지만, 해방이 되기 전까지 그곳에서 가족들과 함께 목숨을 부지하며 살아남기 위해 웅크리고 있어야 했다.

9

자유가 무엇인지를
나는 말할 수 있다

수십 년간 앓던 병, 발끝에서 머리끝까지 전신이 쑤시고 아리던 그 아픔이 홀연히 가셔지는 듯 하던 순간, 그 순간의 편안함, 그 행복감을 우리는 영원히 잊지 못하리라. 해방의 고귀한 체험, 그것을 나는 믿는다. 따라서 자유가 무엇인지를 나는 말할 수 있다.

「나를 찾아서」 중에서

1945년 8월 15일, 한국은 일제의 탄압에서 벗어나 해방을 맞이했다. 그 날 정오 12시에 라디오 방송을 통해 일본 천황이 항복을 선언하는 것을 전해들은 동리는 뛸 듯이 기뻐하며 집으로 달려갔다. 온 대지에 찬란한 햇살이 쏟아지고 있었다. 이제 막 억압에서 풀려나 자유의 몸이 된 조국 산천에 쏟아지는 순결한 햇살이었다. 집으로 달려온 동리는 방안에 누워계시던 어머니께 제일 먼저 이 기쁜 소식을 알렸다. 어머니는 믿지 못하겠다는 듯 몇 번을 되물으시더니, 두 손을 모으고 고개를 숙여 기도를 하기 시작했다. 그제야 동리의 두 눈에서도 뜨거운 감격의 눈물이 쏟아져 내렸다.

동리는 집 맞은편 담장에 광복을 맞은 기쁨을 알리는 격문을 매일 매일 써 붙였다. 그 날부터 뜻을 같이 하는 동네 청년들을 모아 사천 청년회라는 이름으로 모임을 결성하고, 직접 강령과 취지를 쓰고 간단한 규약을 만들었다. 곧 동리가 청년회의 의장으로 추대되었고, 첫 행사로 삼천포 읍과 친선 축구대회를 개최했다.

해방 당시 우리나라 사회는 공산주의 계열에 속하는 좌익과 대한민국 임시정부를 지지하는 우익으로 확연하게 갈려져 있었다. 그러나 조선 인민공화국 인민위원회를 결성해서 활동하고 있던 좌익세력들은 우익세력에 비해 수적인 면에 있어서 월등히 우세한 상황이었다. 그러나 동리는 좌익 세력들이 말하는 노동자와 농민이 주인이 되는 공산 사회 건설의 정당성에 대해서는 일찌감치 의혹을 품고 있었다. 자유가 없는 사회체제에서는 인간이 진정으로 인간다운 삶을 영위할 수 없다고 믿었던 것이다. 문학 단체와 예술계에서는 이러한 체제 논쟁이 더 극명하게 나타나고 있었다.

그러던 어느 날 동리는 이상한 사건에 말려들었다가 죽을 뻔한 위험한 일을 당하게 되었다. 반공 단체인 듯한 고려청년단 진주 지부 청년 몇 명이 사천에서 시국 강연회를 개최하겠다며 동리에게 장소를 마련해달라는 부탁을 했다. 동리는 수소문 끝에 사천극장을 빌려주었다. 그런데 강연회를 여는 날 아침에 좌익계열이었던 삼천포 민주청년동맹 농민조합 소속의 청년 수백 명이 트럭을 타고 강연장에 들이닥쳤다. 그들 중에는 동리가 알던 문학청년들도 두세 명 끼여 있었다. 그들은 거칠게 극장으로 들어서더니 맹수같이 소리를 지르며 연단 위로 뛰어올라 닥치는 대로 때려 부수었다. 사람을 주먹으로 때리고 발로 뭉개기 시작했다. 경찰이 신고를 받고 달려왔지만, 많은 수에 기가 질렸는지 슬그머니 꽁무니를 빼버렸다.

동리는 어떤 사내에게 뒤통수를 맞고 바닥에 쓰러졌다. 바닥에 나뒹구는 그의 배를 누군가 발로 세차게 찼고 격렬한 통증을 느끼는 순간 동리는 정신을 잃었다. 극장 안을 가득 메운 아우성 소리와 물건이 깨어지는 소리가 그의 귀에 아득하게 들려왔다. 얼마 후 눈을 떠보니 병원 침대에 누워있었다. 배가 뜨끔거리고, 뒤통수에 심한 통증이 느껴져 왔다. 곁에 있던 이가 전해준 바에 의하면, 삼천포에서 온 좌익 청년 중 한 사람이 쓰러진 그를 병원에 데려다 놓고 홀연히 사라져 버렸다는 것이다. 동리는 자신을 죽을 뻔한 위험에서 구해준 그가 누구인지 얼핏 짐작이 갔다. 동리의 눈에 눈물이 고였다. 사상과 이념으로 인해 갈가리 찢겨진 이 조국의 운명이 일제의 압제 아래에서 당했던 수모와 고통만큼이나 서글프고 안타까워 하염없이 울었다.

조국이 해방을 맞은 그 해 12월 말에 동리는 서울로 올라왔다. 믿을 수 없는 일이 또 다시 그를 기다리고 있었다. 문단에서 꽤 이름이 알려진 작가들 대부분이 좌파 계열 문학 동맹에 가입해 있다는 사실이었다. 당시 월간지 〈춘추(春秋)〉사에 근무하고 있던 미당 서정주의 말을 빌리면, 그나마 우익 성향을 지닌 문학 단체나 예술 단체로는 조연현 씨가 중심이 된 〈예술부락〉 그룹과 곽종원 씨가 관계하는 〈생활문화〉 그룹 등 두어 군데가 근근이 버티고 있는 정도라고 했다. 민족주의를 표방하던 〈문장〉지의 초창기 멤버들이었던 이태준, 정지용, 이병기 씨 등도 이미 사회주의 노선의 핵심 멤버들이었던 임화, 김남천, 이원조 등에 의해 완전히 포섭되어 버린 상태였다. 문화계와 예술계는 다른 분야보다 더 빠르게 좌경화 되어가는 추세였고, 얼마 지나지 않아 전체 문인의 90 퍼센트 정도가 소위 좌익계 조선문학가 동맹에 가입하는 지경에 이르렀다.

그러나 동리는 그들이 말하는 노동자와 농민의 자유가 진정한 자유이며, 공산 사회에서만 이 자유가 보장된다는 말을 믿을 수 없었다. 그에게 공산사회는 계급 독재 사회였고, 계급 독재 속에선 인간을 위한 어떠한 자유도 보장될 수 없을 것이라 확신했다. 동리는 진정한 문학은 당이나 인민만을 위한 것이 아니라, 모든 인간을 대상으로 해야 하고 진정한 자유와 인권이 없이는 참다운 문학이 나올 수 없다고 굳게 믿고 있었다.

> 그 때나 지금이나 나에게 있어 문학의 대상은 인간이요, 인간을 떠나 문학은 존재할 수 없고, 또 무의미한 것이라고 생각한다. 그래서 나는 지금까지 인간을 떠나 문학을 생각하고, 인간을 떠나 문학을 논의한 적이 없다. 나에게 있어서는 시고 소설이고 평론이고 일체의 문학이란 다만 인간을 의식하고, 인간을 정화하고, 인간을 구제하기 위한 하나의 방법에 지나지 않는다.

다음 해인 1946년 봄, 동리는 식구들을 데리고 서울 돈암동으로 이사를 했다. 이 질풍노도의 시기를 지방의 골방에 틀어박혀 앉아 태연히 보고만 있을 수는 없는 노릇이기 때문이었다. 동리는 조선공산당 계열의 '문학가동맹'에 대항하고자 하는 문인들과 예술가들을 만나 독자적인 협회를 조직할 것을 제안했다. 이 때 동리와 뜻을 같이 한 이들로는 곽종원, 김달진, 조연현, 최태용, 황순원, 최인욱, 서정주 등과 훗날 청록파

'한국청년작가문학가협회'에 함께 참여한 곽종원, 박목월과 함께 서정주는 언제나 문학과 민족을 함께 논하던 친구였다.

시인들로 명성을 얻게 되는 박두진, 박목월, 조지훈 등이었다. 이들은 그 해 4월 4일 종로 **YMCA** 강당에 모여 '한국청년작가문학가협회'를 결성하고, 동리를 초대 회장으로 추대했다. 그 날 저녁에 동리는 '순수시의 사상'이라는 제목으로 강연을 하면서 이 단체가 문학의 순수성과 독자적인 가치를 옹호하며, 인간 중심적인 문학과 예술을 표방해야 한다는 목표를 밝혔다.

그 해부터 한국 전쟁이 일어나기 전까지 동리는 자신의 인간 중심주의 문학관의 이론적 기반을 체계적으로 정립하려고 노력했다. 그래서 1946년에서 1948년 사이에 평론집 『순수문학의 진의』와 『순수문학과 제3세계관』을 편찬해 냈고, 1948년에는 『문학과 인간』이라는 평론집도 출간했다. 이 시기부터 그는 공산계 계급주의 민족문학론에 대항한 인간주의 민족문학론을 '본격문학(本格文學)'이라고 칭하고 이 말을 널리 사용하였다. 동리는 이러한 생각을 자신의 작품에 수용하였다. 특히 「달」, 「지연기」, 「역마」, 「황토기」 등에서는 우리나라 신라시대의 인물들에서 발굴한 새로운 인물 유형들을 선보여, 역사적 소재를 문학적으로 잘 소화해 내면서 창조적 인간형을 새롭게 제시하는 시도를 했다.

동리는 그 해 겨울 윤보선 씨가 사장으로 있던 〈민국일보〉에 취직하여 문화부 일을 맡게 되었다. 1948년 5월 10일에 실

시한 남한 총선거에 의해 대한민국 정부가 수립되던 그 해에는 〈경향신문〉으로 옮겨 문화부장으로 일했다. 대한민국 정부가 수립되자 공산계 문인들은 대부분 월북을 하거나, 지하로 잠복하거나 혹은 전향을 했다. 좌익 계열 핵심 멤버들이었던 임화와 설정식 등이 월북을 했건만, 어찌된 영문인지 북한에서 간첩으로 지목 받아 사형을 당했다는 흉흉한 소문이 나돌았다. 그 밖에 월북한 많은 유능한 작가들 중에는 아직도 그 행방이 묘연해 생사여부도 알려지지 않은 이들도 있다.

1949년에는 기존의 한국청년문학가협회 회원들이 과거 '문학가동맹'에 소속되었다가 자유 진영으로 전향한 문인들과 단합하여 '한국문학가협회'를 결성했다. 이를 기념하여 순문예지 〈문예〉를 그해 8월에 창간했고, 1955년에는 〈현대문학〉을 비롯한 여러 민간지를 발간했다. 동리는 이 문예지들의 신춘문예 추천인으로서 참신한 신인 작가들을 발굴하는데 심혈을 기울였다.

1950년 6월 25일, 한국전쟁의 발발은 민족의 밝은 미래에 대한 모든 희망을 폐허로 만들었다. 고스란히 전쟁의 제물이 되고 만 것이다. 북한군이 쳐들어와 동리가 살고 있던 서울을 며칠 밤사이에 점령해 버렸다. 그 당시 동리에게는 열 살도 안 된 자식들이 넷이나 있었고, 게다가 아내는 임신 중이었다. 서

〈현대문학〉은 김동리 등 한국문학가협회 정통파가 창간한 〈문예〉의 맥을 이어받은 우리나라 문학계의 가장 정통성 있는 문예지로 평가 받는다

울에 남아 있는 것은 동리에게는 자살행위와도 같았다. 공산당원들에게 그는 이미 반동분자로 낙인 찍혀 색출 대상자 명단에 올라있었던 것이다. 피난 짐도 꾸리지 못한 식구들을 남겨두고 동리는 28일 새벽에 혼자서라도 몸을 숨기기로 결정했다. 앉아서 기다리다가 고스란히 당하는 것보다는 일단 피신을 하는 것이 현명한 판단이라 여겼다.

몸을 숨길 데도 마땅찮은 그를 숨겨준 사람은 큰형님 범부 선생의 지인이자 소설 공부를 한다는 조진흠이었다. 들에 굴을 파고 들어가 숨어 있으면 조진흠이 밀가루 떡이나 보리밥 덩이를 몰래 가져다주었다. 목숨을 걸지 않고서야 하기 어려운 일이었다. 그러던 어느 날, 검문이 좀 뜸해진 틈을 타서 몰래 집으로 돌아가던 중 동리는 결국 북한군에 발각되어 연행되는 일이 벌어지고 말았다. 그런데 하늘이 그를 도우고자 하셨는지 그는 곧 풀려나 자유의 몸이 되었다. 그의 신분증에는 김창귀라는 호적명이 적혀 있어 그가 김동리 작가라는 걸 아무도 눈치 채지 못했던 것이다. 어릴 때 붙여진 또 다른 이름이 죽음과 삶의 갈림길에서 운명을 바꿔줄 줄은 그 어느 누구도 알 수 없었을 것이다.

그러나 그 날 이후 동리는 더 이상 생명의 은인인 조진흠을 볼 수 없었다. 그 날 밤 북한군들이 길거리에서 민간인들을 무작위로 체포해 정릉 골짜기와 한강 모래밭으로 끌고 가서

무차별적으로 따발총을 쏘아서 죽이고 생매장을 했다는 소식을 동리는 나중에서야 들게 되었다.

동리는 6·25 전쟁이 발발한 그 해 12월 마지막 날에야 우여곡절 끝에 서울을 떠나게 됐다. 여러 차례 위험한 순간에 구사일생으로 죽을 고비를 넘긴 뒤였다. 홍구범과 당시 '마돈나'라는 다방을 운영하던 손소희 씨 등의 도움으로 그는 1·4후퇴를 바로 며칠 앞두고 부산행 피난 기차를 탈 수 있었다. 손소희와는 그의 인생에 있어서 다시 운명적인 재회를 하게 되는 전주곡이었다.

동리는 소설 「밀다원 시대」에서 1·4후퇴 때 부산으로 피난간 예술가들과 문인들의 가난하고 힘겨운 삶의 현장을 밀도 깊게 다루었다. '밀다원'은 부산 광복동 네거리에 위치한 이층 다방이었는데, 그 당시 피난 온 예술가와 문인들의 집결지였다. 이 작품에서 그는 조국의 운명이 "끝의 끝, 막다른 끝, 거기서는 한 걸음도 더 나갈 수 없는 최후의 지점으로 다가서고 있었다"라고 썼다.

부산이나 남부의 다른 지방으로 피난을 떠났던 사람들이 서울로 돌아오기 시작한 것은 1953년 초봄부터였다. 서울은 말 그대로 폐허의 잿더미가 되어있었다. 동리의 식구들이 서울 돈암동 집으로 돌아와 보니 지붕이 날아가 비가 새고, 벽에 큰

구멍이 숭숭 뚫려있고, 방구들이 무너져 있었다. 남들은 집을 신축하거나 개축한다고 공사를 시작했지만, 하루하루 입에 풀칠하기도 빠듯한 살림에 큰 공사는 엄두도 못 낼 일이었다. 대충 비와 바람을 막을 정도로 집을 수리하고 불편한 대로 살림을 꾸려가야 했다.

부산 피난 시절을 겪으면서 동리의 일신상에도 많은 변화가 일어났다. 그는 오래 전부터 사모해 오던 여류작가 손소희 씨와 부산에서 다시 만나 재회의 기쁨을 나누었다. 소설가이며 예술가인 손소희 씨는 동리의 작품 세계를 깊이 이해해 주었고, 전쟁 시기의 힘들고 위험했던 순간마다 도움의 손길을 아끼지 않았던 여인이었다. 부산에서의 인연은 서울 환도 후에도 계속 이어져 두 사람은 서로에게 없어서는 안 될 소중한 존재라는 것을 알게 되었다. 이 무렵부터 동리는 가족을 떠나 손소희와 함께 사는 삶을 선택했다. 아내와의 불화는 불가피한 일이었고, 큰형님 범부 선생과도 크게 다투고 결별을 하게 되었다. 결국 김월계 여사와는 1966년에 이혼을 했다. 두 번째 부인 손소희 씨는 동리가 문학가로서 성공할 수 있도록 많은 지원과 정신적인 배려를 아끼지 않았다. 후에 그가 서라벌 예술대 학장, 문인협회 이사장, 대한민국 예술원 회장직을 역임하고 훌륭히 임무를 완수할 수 있었던 것은 그녀의 희생과 사랑이 큰 버팀목이 되어주었기에 가능한 일이었다.

지난 몇 년 동안 역사의 풍파와 전쟁의 고난을 뼈저리게 경험한 동리는 인간과 신(神)의 문제를 두고 고심하고 있었다. 어쩔 수 없는 운명에 처할 수밖에 없는 인간과 그 개별 인간이 속해 있는 민족의 운명은 어떤 관계가 있을까? 그런 고민은 인간을 창조하고 인간의 삶과 죽음을 관장하는 신의 절대성을 캐묻지 않을 수 없었다. 뿐만 아니라 종교와 구원의 문제는 잠시도 그의 뇌리에서 떠나지 않았다. 이러한 고뇌의 결실로 나타난 대표적인 작품이 1955년부터 1957년까지 〈현대문학〉에 연재된 「사반의 십자가」라는 소설이다. 그의 많은 문학 작품들이 종교의 문제를 다루고 있고, 혹은 기독교적 상상력을 모티브로 삼고 있는 것은 동리가 줄곧 미션 계통의 학교에 다녔기 때문일 것이다. 어머니가 기독교로 개종을 한 것이 계기가 되어 접하기 시작한 기독교 신앙, 그리고 기독교의 환경 속에 젖어 살았던 학창시절 10여 년의 세월은 동리의 세계관과 문학관에 큰 영향을 미쳤음에 틀림없다.

동리는 1956년 44세의 나이로 제3회 '아세아자유문학상'을 수상하는 영광을 누렸다. 그로부터 2년 후에는 「사반의 십자가」가 한국 예술원 문학 부문 첫 작품상 수상작으로 뽑혀서 김동리는 명실 공히 한국 문단에 가장 비중 있는 중견 작가로 주목을 받게 되었다. 동리는 이 작품에서 인류라는 거대한 집단의 구원 문제와 개별 단위인 한 민족의 해방 문제가 서로 충돌과 갈등을 일으키는 과정을 그려냈다. 그 가운데서 지식인이 겪게 되는 고뇌를 심도있게 다루었다. 수상식에서 그는 이렇게 소감을 밝혔다.

"근대 문명은 고스란히 신과 인간의 공방전이라고 해도 지나친 말이 아니다."

10 우물을 들여다보는 아이

아아, 이렇게 고향에 다녀오듯 저승에서 이승으로 돌아올 순 없을까
내 마음속에 언제나 있는 그것은 오직 고향과 저승뿐인 것을

「귀거래행(歸去來行)」 중에서

서라벌 예술대학의 학장으로 재직하던 동리는 1973년 어느 날에 다시 고향을 찾을 기회가 있었다. 경주에서 열리는 백일장의 심사를 하기 위해 먼 길을 달려온 것이다. 자주 올 수 없는 고향인지라 고향에서 자신을 불러줄 때는 마다하는 법이 없었다. 그 날 심사 결과의 장원은 경주여고에 다니는 안경숙이라는 여학생이었다. 글 솜씨도 빼어났지만 풀꽃처럼 단아한

모습이 어디선가 본 듯한 느낌이었다. 반월성에서 열린 시상식에서 동리는 심사위원을 대표해서 마이크를 잡았다.

"경주란 데는 산에서나 물에서나 들에서나 수풀에서나, 그리고 언제 어디서고, 여러분들이 진실로 구하고 원한다면 시와 소설과 그림과 음악이 물 솟듯 푹푹 솟아나는 고장입니다……."

흥분한 탓인지 동리의 목소리는 떨리고 있었다.

"나는 그것을 믿습니다. 나는 그것을 체험했기 때문입니다. 오래 전입니다만, 손일봉 선생이 그림을 그리고 김만술 선생이 조각을 하고, 김준극 선생이 첼로를 켜고 박목월 선생이 시를 쓰고, 이기현 선생의 소설 「태」가 조광지에 당선되고, 김석수 선생의 꽁트 「도토리」가 중앙일보에 당선되고, 그리고 나의 「화랑의 후예」·「산화」 등이 연이어 조선중앙일보와 동아일보에 당선되고 할 무렵 경주의 산과 들은 어디서나 예술과 문화를 뿜어내는 듯했습니다. 여러분, 그 산과 들은 지금도 저기 그대로 있습니다. 여러분이 가서 흙을 움켜쥐어 보십시오. 여러분이 원하는 시와 소설이 쏟아져 나올 겁니다."

박수소리를 뒤로 하고 동리는 주최측의 안내를 받아 식당으로 향했다. 식당은 겉으로 보기에도 제법 고급스러웠지만, 실내장식도 골동품으로 채워져 있어 고풍스런 멋이 있었다. 경주 문협의 여러 문인들도 자리를 함께 하였고, 행사를 성공적으로 마친 데 대한 자축의 분위기였다. 잔이 한 순배 두 순배 돌아 취흥도 돋았다.

"이쯤 되면 동리 선생님께서 한 곡조 뽑을 만한데, 여러분 어떠하시나이까?"

문협회장인 윤선생의 말에 박수 소리가 이어졌고, 동리는 못이긴 척 일어났다.

"하, 내가 노래를 못 부르는 건 아니지만, 오늘은 모처럼 고향을 찾았으니 시를 한 수 읊지요."

"좋구 말구요!"

모처럼 서울에서 내려 온 향토 출신의 대 문호를 모시게 된 것도 흡족한 일인데 직접 시를 한 수 읊겠다니 모두들 이보다 더 좋은 횡재가 어디 있을까 싶어했다.

고향

십 년이 지나 고향에 돌아오니
내 나서 자라던 마을 그대로 있네.

흙 담장 돌각 담 찌그러진 오막 속에
해수병 할머니 그저 살아 계시고

시꺼멓게 구멍 뚫린 늙은 회나무
마을 앞에 버티고 아직 그냥 서있네

이렇게 옛날도 있은 것처럼
백 년이 지나도 이대로 있을까.
십 년도 더 지나 고향에 돌아오니
골목의 저녁 노을 그대로 있네.

박수 소리가 터져 나오고 사람들이 환호성을 올리고 있을 때 살그머니 방문이 열렸다. 한 오십여 세 되어 보이는, 신수가 훤한 부인이 얼굴을 디밀었다. 그러자 윤 선생이 몸을 일으켰고, 덩달아 몇몇 사람들도 따라 일어났다. 일견에 이 집 주인이라고 직감되었다.

"이 분이 아까 그 장원상을 받았던 안경숙이라는 여학생의 어머니이자, 이 식당의 주인이십니다."

"그래요?"

동리도 예를 차릴 요량으로 몸을 일으켰다.

"아니, 그냥 앉아 계세요. 우리 딸아이를 잘 봐주셔서 고맙다는 인사를 드리러 왔습니다."

부인은 나이에 어울리지 않을 정도로 아름답고 깨끗한 미소를 띤 채 손님들을 천천히 한 바퀴 돌아보다가 동리를 향해 말을 건넸다.

"선생님, 저를 기억하시겠습니까?"

순간 동리의 가슴이 쿵, 하며 소리를 내었다. 한정옥이었다.

"아니, 한정옥 여사 아니십니까?"

마치 소설 같은 장면이 벌어졌다. 일순간에 화제는 두사람에게로 모아졌고, 사람들은 35년 전에 사모하던 여인과의 해후를 축하한다며 다시 한 순배를 돌렸다. 그리고 두 사람만 남겨두고 모두들 자리를 떴다.

한정옥은 그 때 동리의 편지에 답 글을 하지 못한 것을 미안해했다. 함부로 내놓고 연애를 할 수 없는 시절에 부모님으로부터 먼저 허락이 필요했지만, 뚜렷한 직장도 없는 글쟁이를 부모님은 마뜩찮아 했던 것이다.

"저는 사실 그 일 때문에 선생님의 작가 생활에 지장이 생기면 어쩌나 그것만 걱정했습니다. 다행히 그 뒤 명성이 자꾸 높아지기에 겨우 마음을 놓았지요."

"목월 형에게 한 참 후에 혼인하셨다는 이야기를 들은 적이 있습니다만, 바깥 어른께서는……?"

"예, 몇 년 전 이혼을 하고 지금은 딸애와 같이 살고 있습니다."

두 사람은 더 이상 할 말이 없었다. 밤이 깊도록 마주 앉아 애꿎은 잔만 비웠다.

동리는 그날 이후 며칠 간 미친 듯이 글을 썼다. 마치 잃어버린 세월들을 보상이라도 받으려는 듯. 그리고 그것은 1976년에 「선도산(仙桃山)」이라는 단편소설로 세상에 나왔다.

그로부터 거의 10여 년이 지난 1986년에 고향을 다시 찾았을 때는 옛날의 성터도 개천도 모두 사라지고 없었다. 물론 한정옥도 없었다. 그러나 암울하고 힘겨웠던 시절 내내 고향은 언제나 든든한 마음의 보루였고, 그리움의 대상이었다. 따뜻한 어머니의 품 같은 고향 땅에 발을 내딛는 순간 기억은 흑백사진처럼 그의 뇌리에서 애잔하고 정겨웠던 순간들을 펼치고 있었다. 고향 동네는 그 사이 많이 변해 옛길을 찾기가 쉽진 않았지만, 북문안 동네의 연당 곁 축대 위의 오백 살이 넘은 늙은 회나무는 여전히 그 자리에 서 있었다. 개발이라는 구호 하에 시멘트를 바른 건물들이 새로 들어서서 양색시 마냥 거리에 즐비해 있었다.

동리는 다시 그의 생가를 찾아가 담장 너머로 옛 집을 넘겨다보곤, 발길을 돌려 예기소(藝技沼)로 향했다. 변하지 않는 것은 예기소의 짙푸른 물빛과 아련한 기억뿐이었다. 세상이 몇 번이나 뒤바뀌고, 사람들이 나이 먹고 늙어가는 데도 기억은 저 푸른 물빛처럼 생생하게 살아서 꿈틀대고 있었다. 형산강 지류 서천. 동리가 네 살 때 금빛으로 빛나는 모래알을 움켜쥐

김동리 생가가 있던 자리.
그나마 이곳도 개발이 되어 찾기가 어렵다.

려다 빠져 죽을 뻔했던 곳이다. 예기소는 주변 다른 곳에 비해 명주실 한 타래가 고스란히 다 들어갈 정도로 유독 깊었다. 물살도 빨라 한 번 발을 잘못 들여놓았다가는 목숨을 잃을 정도로 위험한 곳이었다.

동리가 일곱 살 되던 해 어느 날 밤에 있었던 일이다. 동리는 삼을 베는 가족들을 따라 나왔다. 동네 사람들은 예기소와 동리의 밭 사이에 있는 돌자갈 밭을 '도깨비벌'이라고 불렀다.

"누나, 저게 무슨 불이고?"

예기소 모래밭 위에는 사람들이 웅얼웅얼 거리는 소리와 화톳불 같은 것이 번쩍거리며 왔다 갔다 했다.

"글쎄, 아까부터 불이 오락가락하더라. 아마 고기 잡는 불인가부다."

못들은 척 삼만 베고 있는 어머니를 힐끔 쳐다보며, 동리는 이런 밤중에 하필 예기소같이 무서운 곳에서 왜 사람들이 고기를 잡는 것일까 하고 의아하게 여겼다. 왠지 으스스해지고 한기가 느껴졌다.

언제 잠이 들었는지 동리가 눈을 떴을 때는 부옇게 동이 터오고 있었다. 예기소 쪽부터 얼른 쳐다봤지만, 더 이상 불빛 같은 것은 보이지 않았다.

"고기 잡는 사람 아직 안 갔나?"

"날이 샜으니 벌써 다갔지."

누나를 대신해서 어머니가 대답을 하며 얼굴에는 의미심장한 미소를 지었다.

"얄궂어라. 그것도 시간이 다 있는가베?"

누나도 이상하다는 듯, 거들었다.

"시간이 있고 말고, 동이 트면 돌아갈 시간이제. 그게 바로 사람이 아이고 도깨비불이라는 거다."

어머니의 설명에 누나는 소름이 끼친다는 듯 몸을 움츠렸고, 동리는 어머니의 다리를 와락 잡고 오들오들 떨었다.

"그라고 보이 예사 불빛은 아니었던 것 같심더. 불빛이 푸르죽죽하기도 하고, 벌겋기도 하다가 갑자기 툭 꺼지고, 또 한참 있다가 다시 일어나고, 질러대는 소리도 별 희한한 소리가 다 들립띠더."

누나의 설명은 동리를 더욱 오싹하게 했다. 그렇게 그날 밤 어린 동리는 말로만 듣던 예기소에 나타난다는 도깨비불을 처음 목격했던 것이다.

예기소의 불가사의에 대한 끝없는 호기심은 「무녀도」(1936)에 그대로 담겼다. 이 작품은 1947년 단편집 『무녀도』에 실리면서 많은 부분이 개작(改作)되었으며, 또한 1978년에는 「을화」라는 장편소설로 확장, 개작되기도 했다. 그리고 영어와 일

「을화」는 영어로도 번역이 되었고,
1982년에는 노벨문학상 후보에 올랐다.

본어, 프랑스어로 번역되면서 세계 문학계에 알려지기 시작했다. 「을화」가 영어로 번역되고 얼마가 지난 후인 1982년에 동리는 노벨문학상 수상 후보자 명단에 오르는 큰 영예를 누리게 되었다. 우리나라 작가로 노벨 문학상 후보자가 된 것은 동리가 처음이었다.

동리는 소설 「을화」에서 한국의 토속적인 샤머니즘의 세계를 문학적으로 완성도 높게 형상화 해내려고 노력하였고, 이는 세계문학계에 한국의 샤머니즘 전통과 문학의 절묘한 만남을 선보이고 싶었던 자신의 강한 의지의 반영이기도 했다. 특히 이 작품에서 동리는 바리데기 무가인 오구굿을 하면서 을화가 한판 신명나는 굿을 벌이는 부분을 작품의 클라이맥스로 묘사하고 있다. 바리데기 무가를 통해 인간이 죽어 영혼의 세계로 가는 길에 그 길잡이가 되어주는 이로서 샤먼, 곧 무당의 중요한 역할을 부각시켰다. 그렇게 함으로써 '신을 내포한 새로운 인간상'이라는 샤머니즘적 세계관을 제시하고, 삶과 죽음이라는 문제의 수수께끼를 푸는 또 하나의 실마리를 제시해낸 것이다.

해가 지는 예기소 위로 하얀 백로의 울음소리가 처량하게 들려왔다. 그 새의 깃털처럼 하얀 얼굴을 가진 아이 선이의 크고 까만 눈이 물결 위에 어리는가 싶었다. 동리는 인생의 황혼

기에 접어들어서야 평생을 잊을 수 없었던 아이 선이와 남순 누나를 자신의 작품 속으로 불러들였다. 단편소설 「우물 속의 얼굴」(1979)에서 선이는 동리의 기억 속에서 걸어 나와 살구꽃이 핀 우물가에 서 있었다. 이 소설에는 '우물을 들여다보는 아이'라는 부제가 붙어있다.

자신의 자전적 소설이기도 한 이 단편소설에서 동리는 어린 시절 선이와 남순이 누나의 추억을 되새기며 조용히 우물 너머 있을 죽음의 세계로 마음을 옮겨간다. 거울 같은 우물의 표면은 이승에 남은 자신과 먼저 저승으로 떠난 이들이 만날 수 있는 유일한 공간이다. 어린 시절 동리는 깊은 늪의 신비롭고도 두려운 아름다움에 끌려 하루 종일 늪을 떠나지 않고 지켜본 적이 있었다.

그로부터 60여 년의 세월이 흐른 후 초로의 동리는 늪이 아닌 우물 속에서 이승과 저승을 이어주는 길을 발견한다. 그 길은 맑고 투명하며, 어둠과 두려움도 없는 빛으로 가득한 길이다. 이제 동리는 우물에 비친 아름다운 살구꽃으로 이 세계와 저 세계 사이에 굳게 닫혀 있던 문을 열어보고자 했다.

일평생 그토록 자신을 옭아매었던 죽음이라는 존재의 어두운 그림자는 참으로 무거운 족쇄였다. 동리는 몸에 덕지덕지 붙이고 살던 속세의 허망한 넝마 조각들과 족쇄들을 떼어 내버렸다.

동리는 78세 되던 해에 뇌졸중으로 쓰러져 다섯 해 동안을 고통스런 투병 생활을 했다. 1987년에 두 번째 부인 손소희와 사별하고 난 후, 세 번째 부인이 된 소설가 서영은이 그의 곁을 떠나지 않고 병간호를 도맡았다. 투병 생활을 시작한지 5년이 지난 1995년 6월 17일, 작가 김동리는 83세의 나이로 세상을 떠났다.

부록

김동리 연보

1913년(1세) 11월 24일 경상북도 경주시 성건동 186번지에서 부(父) 김임수와 모(母) 허임순의 5남매 중 막내로 태어남. 아명은 창봉(昌鳳), 호적명은 창귀(昌貴), 자는 시종(始種).

1920년(8세) 경주 제일교회 부설 계남 보통학교 입학.

1926년(14세) 대구 계성중학교 입학. 부친 별세.

1928년(16세) 서울 경신중학교 3학년으로 편입학.

1929년(17세) 경신중학교 중퇴. 〈매일신보〉와 〈중외일보〉에 시 「고독」, 「방랑의 우수」 등 발표.

1934년(22세) 〈조선일보〉 신춘문예에 시 「백로」 입선.

1935년(23세) 〈조선중앙일보〉 신춘문예에 단편소설 「화랑의 후예」 당선. 창작에 몰두하기 위해 합천 해인사와 다솔사에 기거.

1936년(24세) 〈동아일보〉 신춘문예에 단편소설 「산화(山火)」 당선. 단편소설 「바위」, 「무녀도」, 「산제」, 「허덜풀네」 등 발표.

1937년(25세) 다솔사 부설 광명학원에서 교편을 잡음. 단편소설 「어머니」, 「솔거」 발표.

1938년(26세) 11월 21일 김월계(金月桂)와 혼인. 단편소설 「생일」, 「잉여설」발표.

1939년(27세) 단편소설 「황토기」, 「두꺼비」, 「완미설」 발표.

1940년(28세) 단편소설 「동구 앞길」, 「혼구」, 평론집 『신세대의 정신』 발표. 일제 총독부의 검열로 단편소설 「소녀」의 전문이 삭제 당함.

1942년(30세) 광명학원이 폐쇄됨. 이후 8·15 해방까지 절필 선언. 첫 아들 진홍 사망.

1945년(33세) 사천에서 해방을 맞음. 사천청년회 회장으로 피선. 공산계 청년들로부터 집단 폭행을 당함.

1946년(34세) 조선공산당 계열의 문학가동맹에 대항하여 한국청년문학가협회를 결성하고 초대 회장에 피선. 단편소설 「윤회설」, 「지연기」, 「미수」 등과 평론 「순수문학의 진의」 등을 발표.

1947년(35세) 본격문학이란 용어를 처음으로 사용함. 〈경향신문〉 문화부장에 취임. 첫 창작집 『무녀도』 펴냄.

1948년(36세) 〈민국일보〉 편집국장에 취임. 단편소설 「역마」,

「어머니와 그 아들들」, 평론 「민족문학론」 등 발표. 첫 평론집 『문학과 인간』 펴냄.

1949년(37세) 한국문학가협회를 결성, 소설 분과 위원장에 피선됨. 순문예지 〈문예〉 주간에 취임. 서울대와 고려대에 국문과 강사로 출강. 단편소설 「형제」, 「심정」 등을 발표. 제2창작집 『황토기』 펴냄.

1950년(38세) 단편소설 「인간 동의」, 「한내마을의 전설」 등 발표. 6·25 전쟁이 발발하자 미처 피난을 가지 못하고 서울에 숨어 지냄.

1951년(39세) 피난지 부산에서 제3창작집 『귀환장정』 펴냄.

1952년(40세) 문학평론집 『문학개론』을 펴냄.

1953년(41세) 서울 환도 후 서라벌 예술대학 문예창작과에 출강.

1954년(42세) 예술원 회원 피선. 단편소설 「살벌한 황혼」, 「마리아의 회태」 발표.

1955년(43세) 단편소설 「흥남철수」, 「밀다원시대」 발표. 제4창작집 『실존무』 펴냄.

1956년(44세) 제3회 아세아자유문학상 수상.

1957년(45세) 장편소설 「사반의 십자가」 펴냄. 단편소설 「아가」, 「목공 요셉」 발표.

1958년(46세) 「사반의 십자가」로 예술원 문학 부문 작품상 수상. 장편소설 「춘추」와 단편소설 「자매」 등을 발표.

1960년(48세) 단편소설 「어떤 고백」 발표.

1961년(49세) 한국문인협회가 발족하자 부이사장에 피선. 단편소설 「등신불」 발표.

1962년(50세) 단편소설 「부활」 발표.

1963년(51세) 제5창작집 『등신불』 펴냄.

1964년(52세) 단편소설 「천사」, 「늪」, 「심장 비 맞다」, 「유혼설」 발표.

1965년(53세) 민족문화중앙협의회 부이사장, 민족문화추진위원회 이사 피선. 단편소설 「꽃」, 「허덜풀네」를 개작한 「성문 거리」 발표.

1966년(54세) 한국예술문화윤리위원회 상임위원 피임. 단편소설 「송추에서」, 「까치소리」 발표. 수필집 『자연과 인생』 펴냄. 첫 번째 부인 김월계와 이혼. 두 번째 부인 손소희(손귀숙)와 결혼.

1967년(55세) 「까치소리」로 3·1문화상 예술 부문 본상 수상. 『김동리 대표작 선집』 전 5권으로 펴냄.

1968년(56세) 국민훈장 동백장 수상. 〈월간문학〉 창간.

1970년(58년) 한국문인협회 이사장 피선. 국민훈장 모란장 수상.

1972년(60세) 서라벌예술대학 학장 취임. 〈한국문학〉 창간. 회갑 기념으로 제6창작집 『까치소리』, 수필집 『사색과 인생』, 첫 시집 『바위』를 동시에 펴냄.

1976년(64세) 단편소설 「선도산」, 「꽃이 지는 이야기」 발표.

1977년(65세) 단편소설 「이별 있는 풍경」, 「저승새」 발표. 수필집 『고독과 인생』 펴냄.

1978년(66세) 장편소설 「을화」를 단행본으로 간행. 수필집 『취미와 인생』을 펴냄.

1979년(67세) 한국소설가협회장 피선. 장편소설 「을화」의 영역판 출간. 단편소설 「우물 속의 얼굴」, 「만자동경」 발표.

1980년(68세) 대한민국예술원 부회장에 피선. 수필집 『명상의 늪가에서』 펴냄.

1981년(69세) 대한민국예술원 회장에 피선.

1982년(70세) 장편소설 「을화」로 노벨문학상 수상 후보자에 선출됨.

1983년(71세) 5·16 민족문학상 수상. 한국문인협회 이사장 피선. 제2시집 『패랭이꽃』 펴냄.

1985년(73세) 국정자문위원에 피촉. 수필집 『생각이 흐르는 강물』 펴냄.

1987년(75세) 장편소설 「자유의 기수」를 「자유의 역사」로 개작하여 펴냄. 손소희(손귀숙) 여사 별세.

1988년(76세) 수필집 『사랑의 샘은 곳마다 솟고』 펴냄. 세 번째 부인 서영은(서보영)과 결혼.

1989년(77세) 한국문인협회 명예회장 추대.

1990년(78세) 7월 30일 뇌졸중으로 쓰러진 이래 투병생활 시작.

1995년(83세) 6월 17일 23시 23분 별세.

참고문헌

강석경 지음, 『강석경의 경주산책』, 열림원, 2004.

김기문, 「동리와 목월의 생애」, 〈경주문화〉, 경주문화원, 제7호, 2001.

김동리 지음, 『김동리 대표작선』, 책세상, 1994.

김동리 지음, 『김동리 전집 1: 무녀도 외』, 민음사, 1995.

김동리 지음, 『김동리 전집 2: 역마 외』, 민음사, 1995.

김동리 지음, 『김동리 전집 3: 등신불 외』, 민음사, 1995.

김동리 지음, 『김동리 전집 4: 저승새 외』, 민음사, 1995.

김동리 지음, 『김동리 전집 5: 사반의 십자가』, 민음사, 1995.

김동리 지음, 『김동리 전집 6: 을화』, 민음사, 1995.

김동리 지음, 『김동리 전집 8. 자전에세이: 나를 찾아서』, 민음사, 1997.

김동리, 김정숙, 송하춘 공저, 『김동리 문학앨범』, 웅진출판사,

1995.
김정숙 지음, 『김동리 삶과 문학』, 집문당, 1996.
김윤식 지음, 『사반과의 대화: 김동리와 그의 시대 3』, 민음사, 1997.
김선학, 장윤익 공저, 『경주의 소설문학』, 경주대학교 경주문화연구소, 2000.
권영민 엮음, 『김동리가 남긴 시』, 문학사상사, 1998.
계성백년사편찬위원회, 『계성백년사』, 학교법인 계성학원, 2006.
동리목월문학관 홈페이지 http://www.dmgyeongju.com

꿈속은 언제나 무지개였네
우물을 들여다보는 아이 김동리

지은이 | 김중순 · 조미경
펴낸이 | 최도욱
펴낸곳 | 소통
편집 디자인 | 박진희
2010년 4월 15일 초판 발행

주소 | 서울특별시 금천구 시흥동 금천로44 1단지 상가 1-217
전화 | 02-895-3080
팩스 | 02-895-3330
이메일 | sotongpub@gmail.com, chio7417@hanmail.net

ISBN 978-89-93454-28-4 04230
978-89-93454-23-9 04230

값 12,000원

*잘못 만들어진 책은 구입하신 서점에서 교환해 드립니다.

이 도서의 국립중앙도서관 출판시도서목록(CIP)은
e-CIP 홈페이지(http://www.nl.go.kr/cip.php)에서 이용하실 수 있습니다.
(CIP제어번호: CIP2010000961)